LES GUIDES MAGNARD

Del

L. BARON

Du tracé au graphisme

EN MOYENNE SECTION

MAGNARD

Guide Magnard

En développant un nouveau concept, la collection GUIDE MAGNARD s'éloigne de l'idée classique du guide du maître. Elle aborde non seulement les dimensions technique et pédagogique du sujet traité mais élargit son champ d'investigation à tous les développements possibles. A la fois guide pratique, décrivant les objectifs, les outils pédagogiques et le déroulement des activités, le GUIDE MAGNARD se définit aussi comme un guide théorique, formulant les nouvelles avancées des sciences de l'éducation, exposant les difficultés rencontrées, les nouvelles orientations et tentant de répondre à toutes les interrogations que se posent les enseignants dans leur pratique quotidienne de la classe.

SOMMAIRE

FICHES

AVANT-PROPOS

Les instructions officielles concernant l'organisation de l'école primaire en cycles pédagogiques stipulent qu'à la fin du cyle des apprentissages premiers, l'enfant doit être capable de :

« – reproduire des modèles, des formes, des trajectoires proposées par l'enseignant ;

– copier correctement quelques mots, une courte phrase, en respectant les règles de graphie de l'écriture cursive qui permet une unité au mot ;

– écrire sur une ligne puis progressivement entre deux lignes ;

– reconnaître et comparer différents systèmes graphiques (cursive, script, imprimerie). »

Ces capacités, à acquérir, passent par de nombreuses étapes au cours desquelles il faudra stimuler et encourager l'évolution de la motricité globale et de la motricité fine, en créant des situations riches et variées.

Pour aider le maître ou la maîtresse à conduire l'enfant vers cet apprentissage difficile de l'écriture, nous avons conçu cette collection, de trois livrets de l'enfant, chacun accompagné d'un guide du maître, qui propose une progression annuelle et des fiches d'activités organisées autour d'objectifs précis.

La moyenne section suit la petite section, année des premières expériences, où l'enfant a appris à voir, à comparer les traces produites fortuitement ou de façon plus réfléchie et s'est créé des points de repère d'ordre spatial tout en commençant à contrôler ses gestes graphiques.

L'enfant de moyenne section est donc un enfant qui a déjà eu l'occasion de s'adapter à de nombreuses situations, d'explorer des espaces différents, de manier divers outils, de découvrir de nombreuses possibilités graphiques.

Notre rôle sera alors :

– de lui permettre d'affiner ses gestes, de régulariser ses tracés, de les orienter, de les structurer dans des organisations spatiales différemment construites

– d'enrichir son patrimoine graphique de l'ensemble des signes qui composent notre écriture

– de lui permettre de produire, reproduire des graphismes de plus en plus complexes, alliant les tracés continus et discontinus, les retournements, les arrêts, les départs, les liaisons

– de lui faire percevoir des similitudes, des variantes, des répétitions.

Pour atteindre ces objectifs, nous proposons une progression construite autour de vingt fiches, dont on trouvera une grille récapitulative dans les pages suivantes.

Chaque fiche se compose de quatre parties :

• La première intitulée *Perception* a pour but

→ d'aider l'enfant à organiser l'espace, à s'y repérer, à établir des relations entre les différents éléments statiques et/ou mobiles qui le composent

→ d'enrichir son patrimoine graphique en observant, analysant des œuvres d'artistes connus et en s'appropriant certaines de leurs techniques

→ d'analyser et de découvrir le sens d'un texte et commencer par la lecture collective à percevoir les règles de l'écrit.

• La deuxième partie dite *Représentation*, veut aider l'enfant, par des activités manuelles, à construire, représenter, reproduire à une plus petite échelle, les situations vécues dans la première partie, réinvestissant ainsi les notions d'ordre spatial, précédemment abordées.

• La troisième partie, *Graphisme*, conduit à l'enfant à un meilleur contrôle des gestes graphiques et donc des tracés étudiés, par la reproduction, l'entraînement et le divertissement graphique.

• Enfin la quatrième partie, *Évaluation*, renvoie à l'exercice proposé dans le cahier de l'élève à partir de la comptine (le maître peut procéder à cette évaluation sans se référer au cahier élève).

Au début de chaque fiche, une comptine, qui pourra être apprise, permettra d'introduire ou illustrer l'activité et de la prolonger en thème de vie ou projet d'étude.

À la fin de ces mêmes fiches, le maître trouvera des réflexions et des suggestions lui permettant d'évaluer les productions de ses élèves et de faire évoluer des situations qui ne sembleraient pas satisfaisantes.

L'utilisation du livret de l'élève ne peut donc être comprise, que comme étant la dernière phase d'un travail de recherche et d'entraînement. Chaque exercice terminé fera l'objet d'une auto-évaluation (aidée de l'adulte) qui se concrétisera par le coloriage sur les pages d'évaluation, en fin de livret, de la girafe correspondant à la fiche étudiée.

Le coloriage se fera lorsque l'objectif principal de la fiche aura été atteint. Il pourra donc faire suite aux exercices de soutien. En complétant ainsi, tout au long de l'année, sa grille de progression, l'enfant visualisera à tout moment les étapes de son apprentissage et pourra se situer par rapport à ce qu'il a déjà fait, ce qui lui reste à faire et les « trous » qu'il lui reste à combler dans ce cheminement.

■

PERSONNALISATION DE LA COUVERTURE DU CAHIER

La couverture du cahier de l'élève a été conçue de telle manière qu'elle puisse permettre à l'enfant de la personnaliser afin de la mieux reconnaître.

Cette décoration devant se faire en début d'année, elle pourra être utilisée par le maître pour évaluer le niveau graphique de chacun de ses élèves.

Avant de procéder à l'exercice, il présentera le cahier et fera décrire la couverture en demandant aux enfants de rechercher toutes les façons de les marquer pour les différencier et les reconnaître.

Les idées seront écrites pour mémoire par le maître.

Exemple : écriture du prénom, décoration, petits dessins, collage, etc.

En faisant observer l'espace réservé à la décoration du cahier, le maître proposera d'en rechercher les différents composants pour pouvoir y adapter les graphismes. Il complètera alors sur propositions des enfants le panneau des activités.

Exemple : écriture du prénom, espace du haut, décorations, espaces restants.

• L'écriture du prénom sera faite en activité individuelle avec le maître qui fera observer le dessin général du nom et qui produira chaque lettre en cursive avant l'élève, en verbalisant les actions. Il contrôlera ainsi au fur et à mesure de l'écriture les capacités de chacun à reproduire un tracé, à en respecter le sens, à respecter la trajectoire horizontale, à rester dans le cadre prévu pour l'exercice.

Les difficultés rencontrées seront soigneusement notées afin de mieux aider les enfants à les surmonter tout au long de l'année et de l'étude des fiches correspondant aux tracés défectueux.

• La décoration libre du cahier, s'il s'agit d'une décoration graphique, apportera au maître des indications sur la maturité graphique de chacun. Pour cela on notera :

– la richesse des graphismes (variété, liaison de signes différents...) ;

– la finesse et la régularité des productions ;

– l'organisation des espaces graphiques (espace blanc et/ou bleu) :

• par pavage d'une même forme ;

• en suivant des trajectoires qui suivent celles des espaces ou qui leur sont contraires, etc. ;

• anarchiques : plusieurs signes sans règle de production ;

– le respect des espaces graphiques (le non respect étant le signe d'un mauvais contrôle du fléchissement du pouce et d'un manque de maîtrise du tracé qui déborde de l'espace).

S'il s'agit d'une décoration par collage, on analysera le soin apporté, les organisations spatiales utilisées et éventuellement les règles algorithmiques des collages.

N° fiche	*Intitulé de la fiche du maître et de l'exercice de l'élève correspondant (entre parenthèses)*	*Pages*	*Objectifs*
1	**Tracés continus : Lignes droites horizontales et verticales** *(Les barreaux de la cage)*	15 (2)	➡ *Savoir tracer des lignes droites verticales de haut en bas et de bas en haut et horizontales de gauche à droite.* ➡ *Respecter les sens des tracés qui sont ceux de l'écriture ↑ ↓ →.*
2	**Tracés continus : Lignes droites obliques** *(Montagne et hérisson)*	21 (3)	➡ *Tracer des lignes droites obliques longues et courtes dans le sens gauche droite de l'écriture, en pente ascendante et en pente descendante.*
3	**Les rotations : Les ronds** *(Les ballons)*	26 (4)	➡ *Entraînement à la formation de ronds dans le sens de l'écriture, c'est-à-dire de gauche à droite, en commençant par le sommet du rond.*
4	**Tracés continus et rotations : Les spirales** *(Les tourbillons d'étoiles)*	31 (5)	➡ *À partir d'un point central, tracer une ligne s'enroulant dans le sens de rotation dominant. Varier la dimension des spirales en modifiant le rayon des courbes et le nombre de tours.*
5	**Tracés continus et rotations : Lignes droites et spirales** *(Le feu d'artifice)*	38 (6)	➡ *Enchaîner dans un mouvement continu ligne droite et spirale..* ➡ *Maîtriser le renversement du sens de rotation. Orienter les tracés. Contrôler leur amplitude.*
6	**Tracés continus : Lignes et cannes** *(Les crochets du capitaine)*	45 (7)	➡ *Différencier et reproduire les graphismes selon leur orientation.* ➡ *Respecter le sens du tracé et le produire dans un mouvement continu.* ➡ *Préparer à la liaison des lettres de l'écriture cursive.*
7	**Divertissement graphique : Compléter un graphisme** *(Les taches de la nappe)*	50 (8)	➡ *Accepter de modifier le graphisme d'un autre.* ➡ *Enrichir son patrimoine graphique en associant deux ou plusieurs signes.* ➡ *Les reproduire régulièrement dans un espace limité.*
8	**Tracés continus : Lignes brisées** *(Les toits du ramoneur)*	55 (9)	➡ *Tracer de gauche à droite dans un mouvement continu et en respectant une trajectoire horizontale, des lignes brisées en pointes et en créneaux.*
9	**Tracés discontinus : Rythmes de lignes brisées** *(Les notes du musique)*	61 (10)	➡ *Reproduire un ou plusieurs signes organisés en algorithme, à l'intérieur d'un espace limité. Donc respecter le nombre d'éléments, le rythme, l'organisation, l'orientation des éléments. Lier des éléments, en espacer d'autres.*
10	**Tracés discontinus : Écrire en capitales d'imprimerie** *(Le chapiteau du cirque)*	67 (11)	➡ *Écrire de gauche à droite toutes les lettres d'un mot en respectant la forme de chaque lettre, en les espaçant régulièrement, en respectant leur position dans le mot.*

N° fiche	*Intitulé de la fiche du maître et de l'exercice de l'élève correspondant (entre parenthèses)*	*Pages*	*Objectifs*
11	**Tracés continus : Les ponts** *(Les bonds des animaux)*	73 (12)	➡ *Tracer des ponts en coordonnant des trajectoires et en respectant les limites de l'espace donné :* *– verticale vers le haut et horizontale à droite* *– verticale vers le bas et horizontale à droite* *– horizontale à gauche et verticale vers le bas* *– horizontale à droite et verticale vers le bas*
12	**Divertissement graphique : Graphisme libre pour décorer un personnage** *(Un oiseau fabuleux)*	80 (13)	➡ *Établir un projet graphique en réinvestissant les signes graphiques connus et en les adaptant à une organisation spatiale que l'enfant aura appris à structurer.*
13	**Tracés continus, discontinus et rotations : ponts, cannes et ronds et écriture du mot « maman »** *(Maman)*	86 (14)	➡ *Reproduire correctement, en respectant leur sens de formation, les lettres du mot maman.* ➡ *Lier les lettres et suivre une trajectoire horizontale à l'intérieur d'un espace donné.*
14	**Tracés continus et rotations : Les boucles dans le sens dominant de rotation** *(Les boucles de la valse)*	93 (15)	➡ *Produire de gauche à droite, dans son sens de rotation dominant, des suites de boucles.* ➡ *Coordonner ainsi parfaitement les mouvements de rotation et de translation...*
15	**Tracés continus et rotations : Les boucles qui montent, les boucles qui descendent** *(La danse des cerfs-volants)*	100 (16)	➡ *Produire de gauche à droite en un mouvement continu, des boucles de grandes et petites amplitudes, dans les deux sens de rotation. Maîtriser donc le retournement du mouvement rotatif.*
16	**Divertissement graphique : Graphisme libre autour de lignes inductrices** *(La toile d'araignée)*	106 (17)	➡ *Établir un projet graphique en réinvestissant les signes étudiés.* ➡ *Produire des signes dans un espace donné en respectant des trajectoires différentes.*
17	**Tracés continus, discontinus et rotations : Rythme de boucles et écriture de « le bébé »** *(Le bébé)*	112 (18)	➡ *Écrire de gauche à droite en respectant le sens de formation des lettres, en les liant 2 à 2, en espaçant les mots en suivant une trajectoire horizontale.*
18	**Tracés continus, discontinus et rotations : Rythme de vagues, ponts, pointes et ronds. Écriture du mot « papa » en cursive** *(Papa)*	119 (19)	➡ *Reproduire des modèles graphiques.* ➡ *Lier les mouvements produisant une lettre.* ➡ *Suivre une trajectoire et respecter les limites de l'espace.* ➡ *Interrompre un tracé, le reprendre...*
19	**Divertissement graphique dans un espace aménagé** *(Le tableau)*	127 (20)	➡ *Réinvestir la connaissance et la maîtrise des tracés pour se créer d'autres graphismes.* ➡ *Développer ainsi la créativité et apprendre à la structurer en fonction des formes et des espaces rencontrés.*
20	**Écriture du prénom en cursive et graphisme libre** *(La valse des prénoms)*	135 (21)	➡ *Écrire de gauche à droite en respectant leur sens de formation, toutes les lettres de son prénom, les lier, en respecter l'ordre.*

RECOMMANDATIONS

Bonne tenue du crayon et maintien des enfants droitiers et gauchers

Travailler assis

Il convient de veiller à ce que les enfants aient une bonne position assise et tiennent convenablement leurs outils.

Or très souvent les enfants de petite section, lorsqu'ils sont assis à une table, ont tendance à prendre appui sur les avant-bras, entravant ainsi le bon développement de la motricité fine, par les déséquilibres qu'engendre cette position, si tel est encore le cas d'un enfant de moyenne section. Il faudra et avant toute chose, leur faire prendre conscience du rôle de leur tonus dorsal et de celui des appuis fessiers, par des jeux de reptation, en position assise, par exemple et par des activités de manipulations diverses (construction, remplissage, etc.) où l'enfant assis devra agir avec ses mains, à une table, sans y prendre appui.

Choisir sa main

Si l'enfant de moyenne section se sert de ses deux mains : la droite pour travailler sur la partie droite de la feuille et la gauche pour travailler sur celle de gauche, il faudra dans un premier temps l'aider à choisir la main qui « écrira », en déterminant lequel des deux côtés droit ou gauche est prédominant.

Pour cela on analysera ses gestes routiniers et spontanés :

- avec quelle main mange-t-il ?
- quelle main semble « vouloir », la première par réflexe, parer une chute ?
- avec quel pied lance-t-il le ballon ?

On observera les mêmes tracés exécutés avec les deux mains :

- lequel est le plus net ?
- lequel semble le plus ferme ?
- lequel est le plus régulier ?

Tenir son crayon

Le crayon, que l'enfant soit droitier ou gaucher, doit être tenu entre le pouce et l'index et doit reposer sur le majeur. La main, inclinée, repose sur l'auriculaire et le côté de la main.

La position du scripteur par rapport au support

1. Le droitier, pour écrire, coordonne des mouvements de flexion du pouce, de l'index, du majeur et des mouvements de translation de gauche à droite de l'avant-bras, ce dernier précédant la main.

Par conséquent, pour faciliter la lecture du tracé au moment où il est produit, et éviter de croiser le bras sur la poitrine entraînant une crispation néfaste, on entraînera l'enfant à placer sa feuille légèrement à droite de la table. La main gauche la maintient dans sa partie inférieure.

2. Le gaucher coordonne également des mouvements de flexion des doigts et de translation de l'avant-bras. Mais en ce qui le concerne et contrairement au droitier, c'est la main qui entraîne l'avant-bras vers la droite. Il conviendra de lui faire placer sa feuille assez haut et vers la gauche, la fin d'un tracé ne devant jamais dépasser la limite de l'épaule gauche.

L'enfant gardera ainsi le contrôle visuel de ses productions tout en ayant une aisance motrice la plus optimale possible.

La main droite maintient la feuille dans sa partie inférieure.

JEUX

Pour dégourdir les doigts avant les exercices graphiques

Les jeux de doigts et d'adresse favorisent la maîtrise de la préhension des outils et contribuent au développement de la motricité fine.
Ils peuvent être proposés en activité d'échauffement ou de dégourdissement des doigts, avant les exercices graphiques.

Jeux de doigts sur comptines

1. Cacher le pouce dans le poing fermé, avec l'autre main frapper, comme à une porte :

– Monsieur Pouce es-tu là ?
• Chut je dors.
– Monsieur Pouce es-tu là ?
• Oui je sors ! (lever le pouce)

2. Réciter et caresser les doigts d'une main avec le pouce de la même main.

Monsieur Pouce a quatre enfants
Le premier est turbulent
le deuxième est fainéant
le troisième toujours content
et le tout petit est si charmant !!!

3. Lever les doigts l'un après l'autre, puis les replier en sens inverse dans la main.

Un, il mange du pain
deux, il mange des œufs
trois, il mange des noix
quatre, il mange des pâtes
cinq, ça le requinque ! Mais...
quatre, a mal au ventre
trois, a mal au foie
deux, a mal aux yeux
un, a mal aux reins.

4. Sur la table, mimer un joueur de piano en articulant les doigts l'un après l'autre :

Je joue du piano,
c'est très rigolo.
Danser la rumba,
mes doigts aiment ça.

5. Ecarter les doigts et les grouper par deux (auriculaire / annulaire, majeur / index ou annulaire / majeur, index / pouce).

– Les doigts de ma main
sont tous très copains.
Ils vont deux par deux...
• Deux par deux ?
Ce n'est pas sérieux !
Car deux et deux font quatre
alors vont-ils se battre ?
Que fais-tu du cinquième ?
– Un chou à la crème !
(Mettre le pouce dans la bouche.)

6. Mains posées à plat, lever et baisser les doigts l'un après l'autre :

Et un et deux et trois
lève chacun de tes doigts
Si tu n'y arrives pas
gronde bien tes dix doigts

Gymnastique sans instrument

Gymnastique libre : rechercher tous les mouvements que l'on peut faire avec une main, deux mains.

Exemples de mouvements possibles

– Pincer la peau de l'autre main avec le pouce et l'index, le pouce et le majeur, le pouce et l'annulaire, le pouce et l'auriculaire.
– Serrer très fort les poings puis tendre les doigts en les écartant.
– Croiser les doigts au besoin, en s'aidant de l'autre main, deux à deux.
– Croiser l'auriculaire sur l'annulaire lui-même posé sur le majeur, reposant lui-même sur l'index.
– Mimer des consignes : appeler quelqu'un en articulant son index, faire « non » avec le même doigt, faire « chut » en plaçant le doigt sur la bouche, visser l'index sur la tempe, se boucher les oreilles, etc., couper un bifteck, taper à la machine, etc.

Gymnastique avec instrument

Gymnastique libre : rechercher tous les mouvements que l'on peut faire avec ses mains et un crayon.

Exemples de mouvements possibles

– Se déplacer en portant un crayon dans le creux, puis sur le dos de la main.
– Se déplacer en portant le crayon sur 4 doigts, puis sur 3, 2 et 1 doigt.
– Faire rouler le crayon entre le pouce et les quatre doigts.
– Faire rouler le crayon entre le pouce et chacun des quatre autres doigts.
– Faire rouler le crayon entre l'index et le majeur, le majeur et l'annulaire, l'annulaire et l'auriculaire.
– Faire tourner le crayon entre les doigts d'une main.
– Faire glisser les doigts (deux à deux) sur le crayon, en tapotant le crayon sur la table.

LIGNES DROITES HORIZONTALES ET VERTICALES

Tracés continus

Objectifs

• Savoir tracer des lignes droites verticales de haut en bas et de bas en haut et horizontales de gauche à droite sur plan vertical et horizontal.
• Respect des sens des tracés qui sont ceux de l'écriture ↑ ↓ → .

1
Perception

Jeu mathématique : les barreaux et la cage.

Comptine pour introduire le jeu :

Les animaux du zoo
effacent leurs barreaux
avec leurs langues usées.
Et vive la liberté !

Déroulement du jeu : À tour de rôle les enfants, qui représentent les animaux du zoo, lancent leur dé. Si la face ▥ apparaît, le joueur prendra un bâtonnet dans la pioche et le posera verticalement dans sa pâte à modeler. Si la face ♧ apparaît, le joueur ôtera un bâtonnet et le remettra dans la pioche. Le joueur qui a planté cinq bâtonnets est éliminé. Le joueur gagnant est le dernier à rester dans le jeu. Faire verbaliser les actions et les résultats.

➡ *Introduire la notion de verticalité et d'horizontalité (debout, couché).*
Approche de l'addition et de la soustraction, comptage jusqu'à 5.
Créer des images mentales par des situations jeux, pour pouvoir les représenter.

MATÉRIEL

5 bâtonnets et un colombin de pâte à modeler, par enfant, 1 dé 3 faces ▥ 3 faces ♧

2

Représentation et graphisme

Les lignes verticales.

1. Représentation de lignes verticales dans le sens dominant

Sur plan vertical : Faire dessiner les barreaux des cages sur des supports différents : feuille double d'ordinateur, carton ondulé, dont l'intérêt est d'obtenir des lignes bien droites car les enfants en suivent les rainurages, feuille sur laquelle on aura collé la photo d'un animal.
On pourra utiliser le doigt, le pinceau, le rouleau.
L'intérêt des exercices est de noter le sens du tracé de chacun des enfants et de les amener à affiner et maîtriser le graphisme dans leur sens dominant (qui est le plus souvent de haut en bas).

feuille (76 × 28), carton ondulé, photos d'animaux, peinture au doigt, gouache, brosses, rouleaux

➡ *Faire des lignes droites verticales dans son sens dominant.*
Affiner le tracé par une accélération du geste qui entraîne des graphismes plus droits et verticaux et par la répétition des productions.

Sur plan horizontal : Les mêmes exercices pourront être refaits sur des feuilles de format plus petit. La variété des consignes et des outils relancera l'activité et permettra de soutenir l'intérêt et l'effort des enfants.
Exemples :
– Dessine des barreaux de couleurs différentes.
– Repasse sur les plis d'une feuille préalablement pliée en éventail sur la largeur par la maîtresse.
– Fais une ligne sur chaque spaghetti collé sur la feuille.

feutres, crayons de couleurs, pastels

1 feuille (21 × 29,7) pliée en éventail / enfant, spaghettis

➡ *Reproduire et affiner les tracés sur plans verticaux.*
Ralentir le tracé par des graphismes sur des feuilles de format plus petit.
Mieux contrôler et utiliser le fléchissement du pouce pour respecter une trajectoire guidée par des plis ou des obstacles.

2. Représentation de lignes verticales dans les deux sens, haut en bas et bas en haut.

Sur plan vertical : Sur tableau « Velleda » ou tableau noir, faire tracer les barreaux d'une cage représentée par un rectangle.
Demander aux enfants de trouver des façons de les effacer un à un et d'expliquer ce qu'ils font.

➡ *Prise de conscience des deux sens du tracé vertical : de haut en bas et de bas en haut.*

tableau de la classe, craies ou feutres velleda selon le cas, chiffon

Puis reprendre l'exercice en proposant aux enfants de tracer les barreaux dans un sens et de les effacer dans l'autre sens.
À la peinture, on pourra leur suggérer de peindre les barreaux dessinés de haut en bas d'une couleur et ceux dessinés de bas en haut d'une autre couleur.
On pourra aider les enfants qui auraient des difficultés à inverser le sens du tracé en leur tenant la main dans un premier temps.

➡ *Entraînement au mouvement vertical réalisé de bas en haut.*

gouache, 1 feuille (36 × 28) par enfant

Sur plan horizontal : Dans un premier temps, il serait bon de ne travailler que le sens inverse du sens dominant, sur du carton ondulé pour guider le tracé, puis sur des feuilles où on aura collé des bandes de papier de couleur, espacées de quelques centimètres et qui serviront de guides aux tracés qui seront effectués dans les intervalles blancs.

➡ *Entraînement à la réalisation de lignes verticales dans le sens inverse du sens dominant.*
Respecter les limites des obstacles.

carton ondulé, feuille (38 × 28), bandes de papier de couleur (3 × 28), feutres, craies, crayons de couleur

Puis, on pourra proposer des exercices où les enfants seront amenés à effectuer des lignes droites verticales dans les deux sens.
Exemple : Coller des bandes de papier de 2 couleurs en respectant un rythme 1/1 et faire des lignes sur les bandes dont le sens de production variera avec la couleur.

➡ *Orienter les tracés.*
Maîtriser le geste : amplitude, vitesse, pour rendre les droites continues et les plus rectilignes possibles.

3
Représentation et graphisme

Les lignes horizontales.

Sur plan vertical : Après une séance où les enfants auront joué aux animaux du zoo qui effacent leurs barreaux, on pourra leur proposer de coller sur une feuille les bâtonnets du jeu dans la position où ils se trouvaient en fin de partie.
Puis on leur proposera, après affichage des tableaux ainsi réalisés, de ne représenter que les barreaux couchés, à la peinture, par exemple.

cartonnette (21 × 29,7), colle, bâtonnets

1 feuille par enfant (76 × 28), gouache, brosses plates

➡ *Entraîner le bras à réaliser des mouvements dans l'axe horizontal. Le croiser sur la poitrine puis l'entraîner dans l'autre sens.*

Cette séance sera l'occasion pour l'enseignant de contrôler le sens du tracé de chacun : de gauche à droite ou de droite à gauche. Dans le dernier cas, il serait bon de corriger le sens du tracé de suite, afin de ne pas favoriser de mauvaises habitudes qui seraient préjudiciables pour l'avenir.

➡ *Respect du sens gauche-droite de l'écriture.*

Pour cela on pourra aider l'enfant dans ses tracés, en matérialisant, par des gommettes par exemple, le point de départ des lignes horizontales.
Les exercices réalisés sur plan vertical sont fatigants car l'enfant est obligé de maintenir son bras à une même hauteur. On passera donc rapidement au travail sur plan horizontal, plus facile dans la mesure où le bras qui agit repose en partie sur la table.

Sur plan horizontal : Proposer des exercices sur des supports où l'on aura matérialisé le point de départ des tracés. On pourra également donner des consignes verbales qui seront autant de points de repères que l'enfant mémorisera. Exemple : pour un droitier : « tu commences du côté de la main qui n'écrit pas. Pour un gaucher : « tu commences du côté de la main qui écrit et tu vas du côté de la main qui n'écrit pas ».

➡ *Affinement progressif des tracés.*
Insertion des freinages par le contrôle de la vitesse du mouvement et par le fléchissement du pouce.

Les premiers exercices entraîneront l'enfant à faire des lignes horizontales sur des feuilles où l'on aura collé des guides en volume, pailles, spaghettis, rouleaux de papier. Puis lorsque le mouvement sera bien respecté et que les lignes respecteront un certain parallélisme on pourra proposer des guides plats : bandes de papier collés, plis d'une feuille etc.

4

Évaluation

Exercice sur cahier de l'élève *(p. 2).*

L'enfant est amené à réaliser des lignes verticales de haut en bas et de bas en haut. Le freinage est imposé par des lignes frontières dans le sens dominant de la majorité des enfants (haut bas).
Les lignes horizontales sont moins nombreuses à produire car elles demandent plus d'efforts que les autres.

➡ *Se détacher progressivement des obstacles en volume. Maintenir la trajectoire en se servant du regard comme guide du mouvement et contrôle du graphisme.*

CONTROLE	AIDE
Respect des consignes :	
• espace < respecté / non respecté	→ du cadre de la feuille : proposer des exercices sur format plus grand et matérialiser les frontières à respecter par des obstacles en volume. → des intervalles entre les « lignes guides ». Travailler, en tenant la main de l'enfant dans un premier temps, sur des feuilles plus grandes et sur du carton ondulé où on pourra proposer à l'enfant de suivre les rainures à l'aide d'un coton-tige trempé dans la peinture.
• continuité du tracé < respectée / non respectée	→ Si le non respect de la continuité est indépendant des obstacles, recommencer des exercices sur format plus grand, en tenant la main de l'enfant. → Si le non respect est dû aux obstacles, faire travailler par des jeux de doigts, de mains, l'articulation du poignet et le fléchissement du pouce. Faire également des jeux graphiques où l'enfant sera amené à observer un graphisme et à le reproduire en même temps, sans qu'il ait la possibilité de regarder ce qu'il fait et en l'obligeant à toujours garder le crayon sur la feuille, même durant les poses. Surtout veiller à ce que ces exercices prennent la forme d'un jeu pour qu'ils ne soient pas traumatisants.
• sens du tracé < respecté / non respecté	→ Reprendre les exercices en tenant la main de l'enfant, puis en le faisant accompagner par un camarade tuteur dont il se servira comme référent.

LIGNES DROITES OBLIQUES

Tracés continus

Objectifs

• Tracer des lignes droites obliques, longues et courtes dans le sens gauche/droite de l'écriture, en pente ascendante et en pente descendante.

1
Perception

MATÉRIEL

JEU DU HÉRISSON

Comptine pour introduire le jeu :

Lentement et péniblement,
un hérisson plein de tendresse,
grimpe au sommet de la montagne
pour cueillir des edelweiss
et les offrir à sa compagne.
Rapidement et facilement,
un hérisson plein de tendresse,
roule sur la pente de la montagne
en emportant des edelweiss
pour sa compagne.

Dans la salle de jeu :

Répartir les enfants par équipe de 5 à 6 hérissons. Installer autant de tables basses qu'il y a d'équipes, et disposer de part et d'autre de chaque table deux bancs en plan incliné pour représenter les montagnes. Au signal de départ, le premier joueur de chaque équipe grimpe comme il veut sur le banc de gauche. Arrivé au sommet de la montagne il prend une carte fleur puis descend comme il veut par l'autre banc. Le joueur suivant va à son tour chercher une autre fleur. L'équipe qui, la première, a ramené toutes ses cartes fleurs a gagné.

autant de tables basses que d'équipes d'enfants et deux fois plus de bancs

autant de cartes fleurs que d'enfants (ou plus, si les déplacements se font rapidement)

La verbalisation des différents modes de déplacements proposés par les enfants sera une occasion de différencier les pentes qui montent de celles qui descendent.

➡ *Recherche des différentes possibilités d'actions réalisables sur plan incliné, en montant, en descendant.*
Respect du sens du parcours.

2
Représentation

On pourra, dans un premier temps, demander aux enfants de réaliser en volume des montagnes de toutes sortes pour y poser des hérissons qu'ils construiront en pâte à sel par exemple. Les différents matériaux utilisés les obligeront à adapter leur geste tout en créant des constructions originales.
La décoration, à la peinture, des montagnes ainsi obtenues, sera l'occasion de faire tracer aux enfants, des lignes droites obliques, sur les différents supports utilisés, y compris les pailles ou les bâtonnets.

➡ *Maîtrise et coordination de l'action des deux mains. Découverte des matériaux et par leur agencement, des propriétés métriques et angulaires. Comprendre ainsi que plus on écarte les deux côtés à la base, plus la montagne sera large et petite et inversement. S'appuyer sur le plan pour tracer des lignes droites. Créer une image mentale des lignes obliques qui servira de référence dans les futurs tracés.*

plaques de carton de dimensions différentes, pailles, bâtonnets, pâte à modeler pour y planter les bâtonnets, boîtes rectangulaires, colle, bandes adhésives

3
Graphisme

Sur plan vertical.

Situation 1 :
Demander aux enfants d'observer et de décrire ce qu'ils voient sur leur feuille.
Leur proposer ensuite de peindre les plis qui montent d'une couleur et ceux qui descendent d'une autre couleur.
Observer pour chaque enfant quels sont les plis qui semblent monter ou descendre (ceux de droite ou

1 feuille avec plis en pointe, par enfant. Les plis se font de la manière suivante :
– plier la feuille en deux
– à partir de l'un des coins plier en éventail puis déplier.

peinture de 2 couleurs, pinceaux

de gauche) ainsi que le sens du tracé de chacun d'eux, gauche droite ou droite gauche.
Faire compléter ensuite les intervalles restant par d'autres tracés réalisés au feutre sans consigne de couleur.

feutres

➡ *Installation de l'enfant dans son sens dominant.*
Respect des trajectoires.
Maîtrise du tracé par la répétition des exercices et la possibilité de réinvestir les acquis antérieurs.

Situation 2 :
Si les tracés semblent satisfaisants et si leur sens n'est pas celui de l'écriture (par exemple  qui est le plus courant) on pourra tenter d'inverser le sens de la ligne. Pour cela il serait bon de matérialiser, dans le coin où se déroule l'exercice, la maison du hérisson à gauche et celle de sa compagne à droite. De même, sur la feuille de l'exercice on pourra coller une gommette d'une couleur pour le hérisson, une autre d'une autre couleur pour sa compagne et une « fleur » pour le sommet de la montagne. On pourra tenir la main de l'enfant dans un premier temps, puis le faire travailler avec un enfant respectant le tracé, qui lui servira de référent.

au tableau ou sur feuille d'ordinateur, gommettes de 2 couleurs

➡ *Reconnaissance et différenciation des deux sens du tracé.*
Entraînement au respect du sens imposé.

Situation 3 :
D'autres exercices d'entraînement permettront aux enfants de s'exercer et d'affiner leur tracé tout en maîtrisant les trajectoires.
Exemple : Faire tracer des lignes rayons de soleil à partir d'une gommette collée en bas à gauche de la feuille (pour les lignes ascendantes) et en haut à gauche de la feuille (pour les lignes descendantes). Utiliser les mêmes couleurs de gommettes que dans les exercices précédents.

2 feuilles d'ordinateur, 2 gommettes / enfant, feutres

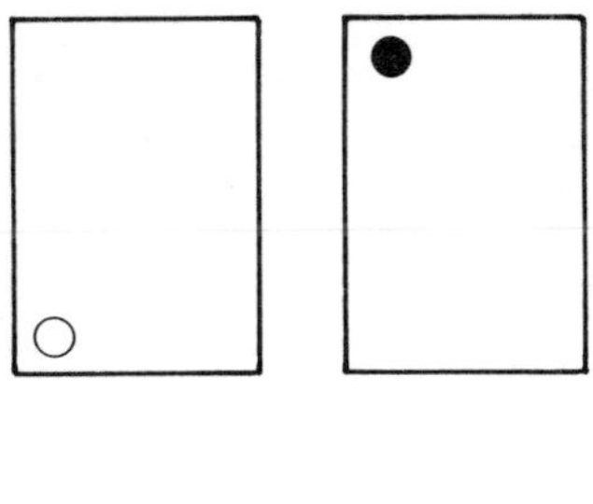

➡ *Maîtriser et affiner le tracé en respectant la trajectoire et son sens.*

Sur plan horizontal.

Ces exercices pourront être repris sur table, en utilisant des supports différents et plus petits : carton ondulé en le plaçant de façon à ce que les lignes soient obliques, feuille avec des obstacles en volume (rouleaux de papier...) et à plat (bandes de papier collées).
1 feuille avec des frontières à respecter.

carton ondulé, feuilles de couleur, bande de papier, feuilles avec lignes frontières

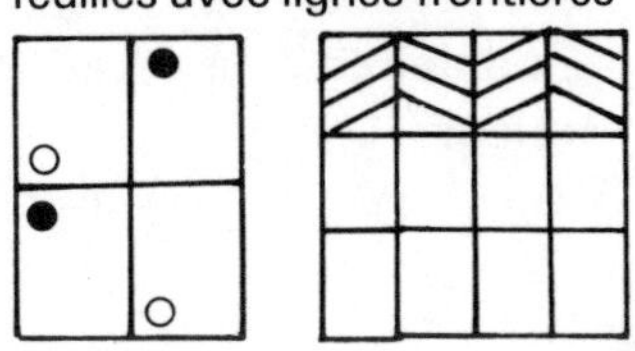

4
Évaluation

Exercice sur cahier de l'élève *(p. 3).*

L'exercice ne doit être proposé que dans la mesure où l'élève sera capable de freiner le mouvement pour respecter les limites proposées.

➡ *Tracer des lignes droites obliques dans le sens de l'écriture, longues et courtes.*
Freinage, par fléchissement du pouce, du tracé.
Se servir du regard comme guide et contrôle du tracé.

CONTROLE	AIDE
• espace < respecté / non respecté	→ Travailler sur des formats plus grands avec des lignes inductrices en volume (collage de paille) et entraîner les enfants à freiner et stopper leur tracé par des jeux : – jeu de doigts faisant intervenir le pouce et l'index, mais aussi les articulations du coude et du poignet ; – jeux où le tracé en lui-même n'a pas d'importance et où le geste et la vitesse seront mieux maîtrisés. Exemple : au signal (cloche) tu fais ce que tu veux sans t'arrêter et très vite, au son du tambourin tu t'arrêtes et tu lèves ton crayon. Quand tu entends la crécelle, tu fais ce que tu veux sans t'arrêter, mais lentement.
• sens des tracés < respecté / non respecté	→ Reprendre les exercices en tenant la main de l'enfant dans le sens non respecté. → Proposer des exercices de reconnaissance du sens des tracés et faire verbaliser. → Faire travailler l'enfant avec un autre maîtrisant le sens des trajectoires, qui travaillera sur une autre feuille à côté de lui et qui donc lui servira de référent.
• continuité des tracés < respectée / non respectée	→ Travailler sur des feuilles de grand format et sans obstacle en tenant la main. → Faire des jeux de vitesse et de ralentissement du tracé (voir ci-dessus).

LES RONDS — Rotations

Objectifs

• Entraînement à la formation de ronds, dans le sens de l'écriture, c'est-à-dire de gauche à droite en commençant par le sommet du rond.

1
Perception

JEU DE BALLONS

Comptine pour introduire le jeu :

J'ai un ballon
un ballon tout rond.
Il est gentil
quand il rebondit.
Il est méchant
quand il suit le vent.

Dans la salle de jeu : On pourra, dans un premier temps, proposer des séances de motricité avec des ballons de toutes sortes : ballons de baudruche, ballons qui rebondissent, d'autres pas, des grands, des petits, des balles...

➡ *Développer l'adresse, la précision, la coordination des mouvements.*
Favoriser le développement des facultés d'adaptation.
Coordonner les sensations visuelles et tactiles.

Puis on demandera aux enfants de rechercher dans le matériel de l'école tous les objets avec lesquels on peut jouer, qui ont une forme ronde. Ils seront ainsi amenés à manipuler des cerceaux, des anneaux, des pneus...

MATÉRIEL

ballons de toutes sortes, au moins 1 par enfant

Proposer des jeux, des parcours qui seront autant d'occasions de permettre aux enfants de mieux apprécier pour chaque objet la rotondité et les rapports aux autres éléments de l'espace qui en découlent, ainsi que les possibilités d'action.
La verbalisation après chaque activité permettra un contrôle des acquis et un enrichissement du vocabulaire d'ordre spatial.

➡ *Faire appel à l'imagination, la mémoire.*
Provoquer l'anticipation des actions, des organisations.
Comprendre et utiliser un vocabulaire d'ordre spatial : haut, bas, sur, sous, dedans, dehors (à l'intérieur, à l'extérieur), au-dessus, au-dessous, à côté, entre, au milieu, autour.

billes, cerceaux, anneaux, palets

■

2
Représentation

En classe, on demandera aux enfants de classer des objets présentant les mêmes propriétés (ressemblances) que celles des objets manipulés en séances de motricité. Puis on leur proposera de réaliser individuellement, par collage, des tableaux avec ces éléments.
La verbalisation et la comparaison des résultats permettra un contrôle et un réinvestissement du vocabulaire d'ordre spatial et nominatif, tout en permettant un enrichissement du patrimoine créatif de chacun.

➡ *Structurer l'espace pour y coller tous les objets souhaités sans qu'ils dépassent du support.*
Coordination motrice des deux mains.
Contrôle de l'action des pouces et index.
Réinvestir les acquis de la première séance en prévoyant les agencements possibles en fonction des propriétés des éléments.
Créer des images mentales qui seront réinvesties dans le graphisme.

anneaux de rideaux, écrous, joints de plombier, boules de cotillon, bouchon, boule de papier froissé... 1 carton par enfant (34 × 49,9)

■

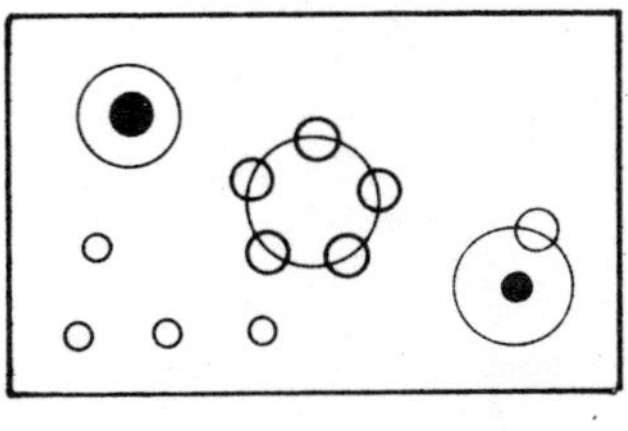

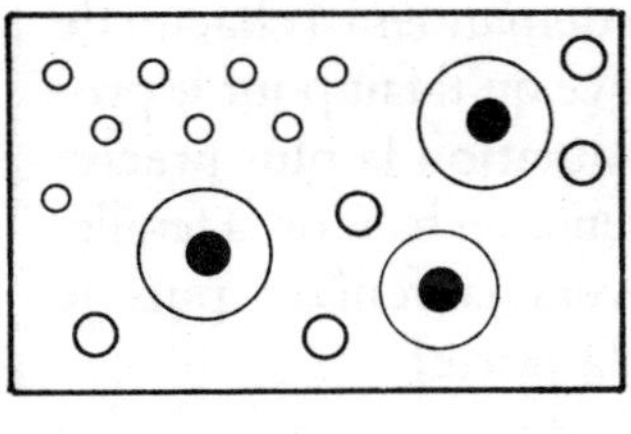

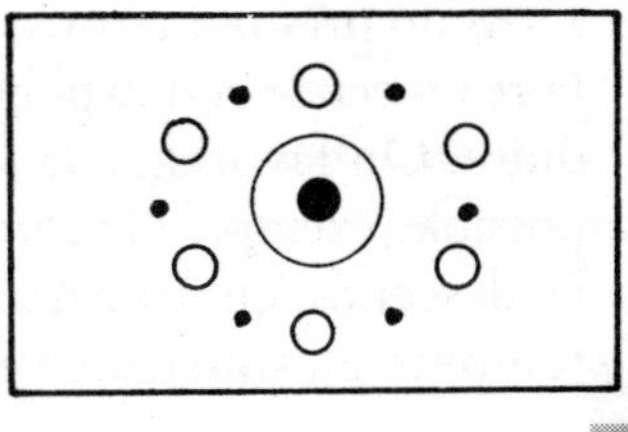

3
Graphisme

Rotation dans le sens dominant de l'enfant.

Les reproductions, à la peinture, au feutre, des tableaux réalisés précédemment, enrichis par l'observation de reproductions de peintres tels que Vasarely avec les toiles « Szem et Pelda » par exemple, ou Kandinsky avec « Cercles lourds » et « Fermement entouré », seront autant d'occasions d'entraîner les enfants à la réalisation de ronds dans leur sens dominant.

Pour ceux qui auraient des difficultés à produire des cercles, on pourra utiliser la technique du pochoir, ou la prise d'empreintes à l'aide de gabarits ronds de tailles différentes et on demandera à ces élèves de dessiner des ronds au feutre dans l'espace restant, des ronds à produire à l'intérieur de grands cercles obtenus par la prise d'empreinte ou à l'extérieur de plus petits.

➡ *Entraînement à la formation de ronds fermés dans le sens dominant par une maîtrise du mouvement obtenu par les articulations de l'épaule et du coude sur grand format puis du poignet sur format plus petit.*
Affinement progressif des tracés par le ralentissement du mouvement, lui-même obtenu par un meilleur contrôle du fléchissement du pouce.
Indépendance du regard par rapport au mouvement, l'œil précédant le geste pour le guider avant de servir de contrôleur du tracé.

Rotation dans le sens de formation des o de l'écriture.

Pour ces séances il serait bon d'installer les enfants au même endroit de la classe, afin que les points de repère soient toujours les mêmes.

Elles ne seront proposées qu'aux enfants qui ne réalisent pas leurs ronds dans le bon sens, mais qui maîtriseront bien la forme, et seront ainsi capables de tenter un retournement.

Dans un premier temps, on demandera à chacun de faire un cercle et d'expliquer ce qu'il fait pour le produire. On favorisera la formulation la plus précise possible (exemple : Je commence en haut de la feuille, je descends en tournant vers la fenêtre puis je remonte en tournant vers la porte).

reproduction d'œuvres de peintres modernes, gouache, gabarits ronds, bouchons, brosses plates, gros feutres, 1 feuille par enfant (34 × 49,9)

Puis on demandera à ces élèves de rechercher toutes les façons de tourner, soit en comparant leurs réponses, soit en s'essayant au tableau.

➡ *Prise de conscience des deux sens de rotation et des différents points de départ possibles du tracé.*

On pourra se servir des réponses pour décider en commun des points de repères à fixer sur le mur et sur les tables se trouvant face au mur (ou tableau). On utilisera des gommettes ou des signes.

gommettes de couleurs ou étiquettes codées, tableau, craie, feuilles d'ordinateur, feutres

➡ *Être capable de renverser le sens de rotation.*

On demandera ensuite aux enfants de faire des ronds dans le sens de l'écriture, d'abord au tableau, puis sur table, en tenant, si cela s'avère nécessaire, la main de l'enfant lors des premières réalisations, en verbalisant les actions et en faisant référence aux points de repères.
Lorsque les élèves seront capables de respecter, seuls, le sens de rotation, on leur proposera des exercices graphiques à base de ronds.
Exemple : Colle une gommette ronde où tu veux et cache-la en dessinant d'autres ronds.
Colle une gommette et dessine autour des ronds de plus en plus grands.

1 feuille / enfant (21 × 15), gommettes, feutres

➡ *Maîtriser le renversement.*
Ralentir le tracé pour rectifier la trajectoire.
Adapter le geste pour réaliser des ronds de tailles différentes.
Mêmes objectifs que ceux décrits dans la rotation de sens dominant.

4
Évaluation

Exercice sur cahier de l'élève *(p. 4).*

Le travail reprend les configurations que l'enfant aura peut-être construites en classe mais en imposant le sens de rotation des ronds.

➡ *Savoir former des ronds de gauche à droite en partant des sommets des cercles.*
Faire varier les tailles et les positions dans l'espace.

CONTROLE		AIDE
• espace	respecté	
	non respecté	→ L'enfant a sans doute du mal à maîtriser le mouvement et donc à contrôler les articulations du coude, du poignet et le fléchissement du pouce. Il faut donc le faire travailler sur des formats plus grands puis lui faire faire des cercles sur des disques de taille de plus en plus petite.
• continuité du tracé	respectée	
	non respectée	→ L'enfant trop crispé se raidit et interrompt le tracé. Lui proposer des exercices sur format plus grand pour libérer le mouvement et vérifier avant si le tracé dans le sens dominant est satisfaisant. Dans le cas contraire, les étapes se seront succédées de façon trop rapide. Les reprendre et ne les faire franchir que si l'étape précédente donne de bons résultats.
• sens du tracé	respecté	
	non respecté	→ Multiplier les exercices en faisant toujours référence aux points de repère, en tenant la main de l'enfant, puis en le faisant travailler avec un enfant tuteur qui respecte le sens de rotation et qui lui servira de référent.

LES SPIRALES

Tracés continus et rotations

Objectifs

• À partir d'un point central, tracer une ligne s'enroulant dans le sens de rotation dominant, en coordonnant les mouvements de rotation et de translation du bras, du poignet, des doigts.
• Varier la dimension des spirales en modifiant les rayons des courbes et le nombre de tours.

1

Perception

Comptine pour introduire le jeu :

Qui valse et tourbillonne
dans le ciel de voile ?
Ce sont des étoiles
qui inondent les hommes
de poussières lumineuses,
pétillantes et joyeuses.

Situation 1 : Dans la salle de jeu.

1. Sur une musique, chaque enfant qui joue le rôle d'une étoile qui danse et tourbillonne, évolue seul, en s'appropriant l'espace, en s'imprégnant du rythme de la musique, en en découvrant chaque partie. Faire une synthèse collective des déplacements et des mouvements.

➡ *Adapter les déplacements, les mouvements en fonction : de l'espace dans lequel on évolue ; des repères musicaux, des effets que l'on veut produire, des autres qui dansent en même temps.*
Utiliser un vocabulaire approprié à chaque situation, et qui sera d'ordre corporel : marche, saut, mouvements des bras d'ordre spatial : en avant, en arrière, autour, en haut, en bas, sur le côté, au-dessus...

MATÉRIEL

musique proposée : Automne des « 4 Saisons » de Vivaldi

2. Donner ensuite à chacun des enfants un long ruban et leur demander de danser à nouveau seuls sur la même musique.

1 long ruban par enfant : ruban, extra-fort ou bande de papier crépon

Après une autre synthèse collective des différentes réponses déjà apparues en 1, et des nouvelles propositions déclenchées par l'utilisation du ruban, diviser la classe en deux groupes :

– le premier danse sur la même musique avec les rubans

– le deuxième dessine aux gros feutres les mouvements des rubans.

idem + feuilles d'ordinateur, gros feutres, scotch

Observer les graphismes obtenus et demander aux danseurs de les lire et d'en déduire quels gestes les ont produits.

Faire échanger les rôles de chacun des deux groupes, puis procéder à une lecture des signes transcrits.

➡ *Développer la créativité par l'adaptation des mouvements précédemment cités, à la nouvelle situation.*
Prendre conscience, décrire, représenter les mouvements du ruban.
Établir une relation entre le geste produit et l'effet obtenu sur le ruban.
Comprendre et utiliser le code de retranscription du mouvement du ruban qui pourront être :

3. Reproduire ensuite chaque signe sur une feuille et demander aux enfants de danser en respectant l'ordre des mouvements lus sur les feuilles.

idem

Enfin recommencer en privilégiant les mouvements circulaires : ronds, spirales, boucles.

➡ *Contrôler le niveau de représentation graphique de chacun.*

2
Représentation

Situation 2 : En classe : modelage.

pâte à sel ou terre rouge, 1 boîte de camembert par enfant

Demander aux enfants de modeler des étoiles qui tourbillonnent, à partir d'un colombin, et après avoir recherché dans les codes dégagés lors de la situation 1, ceux qui font penser à des tourbillons.

Le modelage d'une étoile, par croisement de petits colombins et de son tourbillon, pourra être collé sur une boîte ronde et décorer ainsi une boîte à bijoux.

➡ *Coordination des gestes des deux mains :*
gestes identiques dans la fabrication du colombin ;
gestes de maintien et de contrôle du poignet et des doigts pour enrouler le colombin.
Approche de notions topologiques par la modification de la forme sans retrait ni ajout de matière.

Situation 3 : En classe, représentation par enroulement d'autres matières.

Les réalisations de panneaux collectifs montrant des nuits étoilées seront des occasions d'agir sur des matières différentes afin d'en modifier la forme.
On pourra fabriquer des étoiles en croisant des pailles, des allumettes.
On réalisera des tourbillons en enroulant des cure-pipes, de la corde armée, des bandes de papier frisées aux ciseaux, de la grosse laine...
L'observation des résultats fera apparaître les différentes organisations spatiales possibles, les variétés de matières utilisées et de dimensions, qui seront fonction de la longueur, de l'épaisseur de l'élément choisi, du nombre de leurs tours et des écarts entre chacun d'eux.

pailles, laine, cure-pipe, corde armée, feuille de bristol

➡ *Adapter les gestes en fonction de la résistance, la rigidité, la souplesse des éléments choisis.*
Travailler et contrôler les mouvements des bras (épaules, coudes, poignets, doigts).
Organiser dans l'espace les éléments du collage en fonction de leur position (au milieu, autour, entre, à côté) de leurs dimensions.

3
Graphisme

Situation 4 : Exercice d'entraînement au tableau.

1. Face au tableau, demander aux enfants de dessiner les tourbillons que font les étoiles en dansant, en partant d'un point central.
Permettre aux enfants d'effacer et de recommencer autant de fois qu'ils le souhaitent. Leur faire verbaliser leurs difficultés de façon à les aider à les résoudre.
À la fin de l'exercice faire comparer les réalisations : leur dimension, l'écart entre les lignes, la rotondité, le nombre de tours du tourbillon.

tableau, craies, chiffons

➡ *S'entraîner à faire des spirales, partant d'un point central, dans le sens dominant de rotation (vers la droite, ou vers la gauche).*
Réaliser le mouvement sans l'arrêter avant la fin du graphisme.
Le freiner cependant pour permettre une légère translation agrandissant le rayon de la rotation à la fin de chaque tour.

2. Proposer ensuite le même exercice en faisant varier la dimension et le nombre de tours du tourbillon.
Exemples :
– dessine un tourbillon en faisant autant de tours qu'il te faudra pour qu'il atteigne la ligne (tracée).
– dessine un très grand tourbillon en tournant 3 fois autour de l'étoile.
– dessine un petit tourbillon, le plus petit possible, en tournant 3 fois autour de l'étoile.

idem
1 ligne au tableau

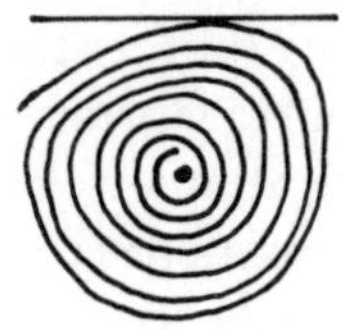

➡ *Respecter les consignes.*
Utiliser sa bonne connaissance de la forme pour adapter les mouvements aux consignes.
Rechercher la meilleure solution possible, en utilisant son droit à l'erreur, donc en acceptant d'effacer le tracé qui ne paraît pas satisfaisant pour le recommencer.
Coordonner les mouvements du coude, de l'épaule, des doigts et du poignet.

Situation 5 : Réalisations de réinvestissement et d'affinement.

1. **Le ciel étoilé. À la peinture sur plan vertical.**

feuille (34 × 49,9) par enfant, encre bleue, eau de Javel, brosses plates, coton-tiges

– Peindre la feuille à l'encre bleue. On obtiendra des camaïeux en diluant l'encre dans des volumes différents d'eau.
– L'eau de Javel étant un produit très dangereux, on protègera les vêtements par des tabliers et on attirera l'attention des enfants sur les dangers de ce produit. Enfin on ne les laissera jamais travailler seuls.
Leur demander de dessiner, avec un coton-tige trempé dans l'eau de Javel, une étoile formée par 4 traits qui se croisent ✳, ou par un point d'où partent des rayons ✺. Leur recommander d'attendre que l'étoile apparaisse pour en représenter le rayon.
– Faire de même pour les autres étoiles.
– Compléter l'espace restant par des « poussières d'étoiles » faites avec des points au coton-tige.

➡ *Comprendre et respecter les consignes de sécurité.*
Mémoriser l'ordre des actions et le suivre.
Structurer l'espace en fonction du nombre d'étoiles et de tourbillons.
Avoir automatisé le mouvement pour être capable de produire le tracé sans le voir.
Contrôler sa bonne réalisation par la décoloration qui apparaît là où le graphisme a été tracé.

2. **Au feutre sur plan horizontal.**

a) *Pavage du plan* : Demander aux enfants de dessiner le plus d'étoiles possible avec leurs tourbillons et en tournant seulement 3 fois autour de l'étoile. Comparer les résultats : le respect des consignes, les dimensions des étoiles, le pavage, le nombre d'étoiles...

gros feutres, feuille d'ordinateur (34 × 25,4)

■

➡ *Adapter le geste graphique au plan horizontal.*
Affiner le tracé par une meilleure coordination de la rotation et de la translation obtenue par une maîtrise plus grande de la rotation du poignet et du fléchissement du pouce.
Compter jusqu'à 3 et faire correspondre 1 nombre à chaque tour.
Structurer l'espace en fonction de la surface à paver et des dimensions des tourbillons à tracer.

b) *Jeu de tracé* : Par groupe de 2 et à tour de rôle, les enfants doivent dessiner des tourbillons *sans regarder le tracé* et en respectant des consignes précises.

plusieurs feuilles d'ordinateur par groupe de 2 enfants, gros feutres, jetons

■

➡ *Par le jeu, entraîner l'enfant à affiner et automatiser le tracé dans son sens dominant de rotation.*

exemple 1 : dessine un petit tourbillon en tournant 3 fois. Chacun exécute le graphisme. Celui qui a fait le plus petit tourbillon gagne un jeton.

exemple 2 : dessine le plus grand tourbillon en tournant 3 fois.

exemple 3 : dessine un tourbillon qui touche les bords de la feuille en faisant le plus de tours possible, etc. Celui qui a le plus de jetons a gagné.

* Mettre ensemble des enfants de même niveau et proposer, lors des premières séances, ce jeu en autorisant le contrôle visuel du tracé.

4
Évaluation

Exercice sur cahier de l'élève *(p. 5)*.

Faire observer le dessin et demander aux enfants d'en déduire les consignes.
Faire rappeler les recommandations qui auront été dégagées lors des précédents tracés, concernant : le nombre de tours qui font les petits et grands tourbillons ainsi que les écarts entre les lignes.

➡ *Contrôler la maîtrise du tracé, sa régularité.*
Adapter le rayon de rotation aux dimensions des étoiles.

petits feutres

CONTROLE	AIDE
On évaluera :	
• la forme du tracé	→ Si sa rotondité n'est pas satisfaisante : en fin de tracé, donc lorsque le rayon du tour est grand, on proposera des tracés de grands ronds au tableau, en tenant la main de l'enfant dans un premier temps ; en début de tracé, donc lorsque le rayon des tours est petit, on proposera des jeux de doigts, entraînant l'enfant à maîtriser et à contrôler le fléchissement du pouce, et des exercices d'entraînement au tableau puis sur table, sur des formats de plus en plus petits. → Si des marches d'escalier apparaissent à chaque nouveau tour  ou si les lignes se superposent  ou encore ferment des boucles c'est : que le fléchissement du pouce n'est pas suffisamment maîtrisé dans le premier cas que la rotation trop dominante empêche la petite translation du mouvement dans le second cas que la translation est trop dominante dans le troisième cas. On proposera donc des exercices d'entraînement au tableau en tenant la main des enfants qui éprouvent ce genre de difficultés. Dans le premier et troisième cas, on favorisera la rotation en l'exagérant dans un mouvement rapide faisant de la forme en spirale un tracé presque involontaire.  Puis en multipliant les jeux de doigts et les exercices d'entraînement, on entraînera chacun à rendre l'écart volontaire. Dans le deuxième cas, on fera faire des tracés de plus en plus grands en fixant des lignes à atteindre. 
• la dimension des tracés	Si les spirales se croisent malgré un nombre peu important de tours (exemple 3), on peut penser que la motricité fine n'est pas suffisamment maîtrisée. On vérifiera d'abord le bon contrôle du mouvement sur grand format et en plan vertical avant de réduire les dimensions des supports, très progressivement, et de passer au graphisme sur table.

LIGNES DROITES ET SPIRALES

Tracés continus et rotations

Objectifs

- Enchaîner dans un mouvement continu lignes droites et spirales.
- Maîtriser le renversement du sens de rotation des spirales.
- Orienter les tracés, contrôler la hauteur et le rayon de rotation.
- Préparer à la liaison des lettres, dans l'écriture, et au changement de sens de rotation de certaines lettres (ℓ ɤ).

1
Perception

Comptine pour introduire le jeu :

Dans la ville de Nice,
le feu d'artifice
éclate en fusées.
Tu peux les compter :
1, 2, 3, 4, 5, ... (n)

Situation 1 : Dans la salle de jeu.
La danse des fusées du feu d'artifice.

- Les enfants répartis en équipes de 6 à 7 forment plusieurs farandoles qui déambulent en tournant, se croisant dans la salle. À la fin du morceau, les enfants se lâchent les mains et s'éparpillent.

- Regrouper les élèves pour faire une synthèse des déplacements possibles en ligne.

- Après une phase d'imitation des déplacements et mouvements proposés par les enfants, on introduira celui-ci, s'il n'a pas été trouvé durant la phase de recherche : aller tout droit jusqu'au poteau ou au point situé au sol (et matérialisé par un palet, anneau ou une croix tracée à la craie) où le dernier de la file s'immobilise. Tourner autour de cet enfant jusqu'à

MATÉRIEL

musique proposée : début de « Feux d'artifice royaux » de G. F. Haendel ce que tout le monde ne puisse plus bouger. Se lâcher les mains et s'éparpiller dans la pièce.

➡ *Structurer l'espace dans lequel on évolue. Se situer par rapport aux éléments qui le composent et par rapport aux enfants qui se déplacent dans une même farandole, dans une autre file.*
Verbaliser de façon précise les différents déplacements en utilisant : des prépositions indiquant les directions (vers, autour, devant, derrière, à côté, entre...), des noms d'objets servant de référents et propres à la salle où se déroule l'activité.
Reproduire les propositions des autres enfants et enrichir ainsi ses possibilités motrices et sa structuration de l'espace.

grande bande de papier

Ce mouvement pourra être lu, avant l'exécution, sur une frise, où l'on aura réutilisé, les codes de la fiche 4.
Exemple :

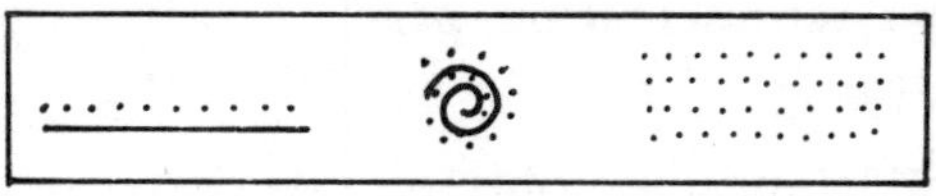

craie

Faire plusieurs essais pour organiser dans l'espace les déplacements en files et spirales et faire remarquer le sens de rotation de chaque spirale. Demander alors à un ou deux enfants de tracer au sol le chemin pris par la file des enfants du groupe.

gros feutres, feuille d'ordinateur (34 × 25,4)

Confronter les résultats et les faire reproduire par tous les élèves, sur des grandes feuilles d'ordinateur. Observer, comparer les résultats et le niveau graphique de chacun.

➡ *Avoir une attitude de lecteur par rapport à un code graphique, c'est-à-dire émettre des hypothèses sur un enchaînement en fonction du décodage de chacun des signes proposés.*
Traduire un code écrit en utilisant un vocabulaire le plus précis possible.
Prendre conscience des deux sens de rotation possible de la spirale.
Tenter de la représenter même si elle a un sens de rotation inverse du sens dominant.

2
Représentation

pâte à modeler

Situation 2 : En classe : modelage.

Demander aux enfants de modeler le chemin d'une fusée du feu d'artifice, à partir d'un très long colom-

bin, puis leur proposer d'en faire un autre qui tourne en sens inverse.
Faire observer toutes les réalisations du groupe puis les classer en deux ensembles selon leur sens de rotation  ou 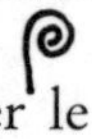 et rechercher un code permettant d'indiquer le sens de rotation (flèches ← → symboles : porte ou fenêtre selon l'organisation de la classe).

➡ *Coordination des gestes des deux mains :*
Gestes identiques dans la fabrication du colombin.
Gestes de maintien et de contrôle du poignet et des doigts pour enrouler le colombin.
Prise de conscience des deux sens de rotation possible.
Imprégnation de la rotation inverse du sens dominant, par le modelage.

Situation 3 : En classe : représentation par enroulement d'autres matières.

Les réalisations collectives de panneaux montrant des feux d'artifice permettront aux enfants de réaliser des spirales à partir du cercle extérieur dans les deux sens de rotation.
Le collage des spirales prolongeant des fils droits permettra une recherche esthétique par l'harmonisation des formes et des couleurs.

feuille bristol, corde armée, cure-pipe, laine, bandes de papier frisées aux ciseaux, gommettes en forme d'étoiles

➡ *Développer la motricité fine par l'adaptation des gestes en fonction de la résistance, la rigidité, la souplesse des éléments choisis.*
Organiser l'espace à l'aide des éléments du collage et en fonction de leur couleur, leurs dimensions.
Orienter l'élément par retournement, en fonction du choix du sens de rotation désiré.

3
Graphisme

Situation 4 : Exercices d'entraînement au tableau.

1. Face au tableau, demander aux enfants de même sens dominant de rotation, de dessiner les fusées du feu d'artifice, en partant du bas du tableau.
Observer les résultats obtenus et comparer les formes, l'orientation, les dimensions des tracés.

tableau, craies, chiffons

2. Leur proposer ensuite de tracer le chemin de plusieurs fusées qui auraient des tailles différentes, n'importe où, sur une ligne...

3. Puis leur faire faire des tracés autour d'un point central (en soleil).

➡ *Installer les enfants dans leur sens de rotation dominant.*
Les entraîner à coordonner dans un mouvement continu, les lignes et les spirales.
Affiner les tracés par une meilleure maîtrise des freinages.
Automatiser la production graphique et permettre ainsi les variances graphiques (amplitude, orientation...).

Situation 5 : Réalisations de réinvestissement et d'entraînement sur table.
Parallèlement proposer des exercices similaires sur table pour favoriser la motricité fine des poignets et doigts, par la réalisation de formes plus petites, sur plan horizontal.

gros feutres, feuilles d'ordinateur

➡ *Idem.*

Situation 6 : Exercices d'entraînement au tableau.
Les exercices suivants vont permettre à l'enfant de produire les mêmes graphismes en inversant le sens de rotation des spirales.

1. On montrera aux enfants comment réaliser le graphisme en le traçant devant eux et en verbalisant les mouvements.
Exemple : Je pars du bas du tableau, je monte tout droit puis je forme la spirale en tournant vers la porte (par exemple) et en descendant et remontant toujours en tournant, vers la fenêtre...
Le travail pourra être fait à main guidée pour ceux qui n'y arriveraient pas.

tableau, chiffons, craies

2. Le mouvement étant bien compris et bien respecté on laissera les enfants affiner le graphisme par des productions répétées, avec des enfants tuteurs (c'est-à-dire dont le retournement ne pose pas de problème).

3. Ensuite, en variant les consignes, on se proposera d'automatiser le mouvement et de l'affiner.
Exemple : Trace des chemins en spirale en faisant varier leur hauteur.

➡ *Coordonner dans un mouvement continu les lignes et les spirales dans un sens de rotation inverse du sens dominant.*
Automatiser le tracé en rendant, par la production, le retournement plus souple et mieux maîtrisé.
Affiner les tracés par une meilleure maîtrise des freinages rendant possibles les variations de hauteur, d'amplitude, d'orientation.
Rythmer les productions graphiques.

Situation 7 : Réalisations sur table.

Comme précédemment les mêmes exercices seront reproduits sur table.

feuilles d'ordinateur, gros feutres

Situation 8 : Variations d'un même graphisme.

1. **À la peinture sur plan vertical.**
Donner à chacun une feuille qui aura été pliée en 2 dans le sens de la longueur et demander aux enfants de coller en bas du pli une gommette, puis de peindre un feu d'artifice à partir de la gommette en faisant tourner les spirales vers la gauche (porte ?) à gauche de la feuille, vers la droite (fenêtre ?) à droite de la feuille. Des étoiles pourront être peintes, en croisant des traits par exemple, autour de chaque ligne.

gouache, brosses rondes, feuilles placées verticalement (34 × 49,9), gommettes

➡ *Entraîner les enfants à produire des mouvements de sens contraire, montrant ainsi qu'ils ont assimilé le renversement du mouvement.*

2. **Aux feutres sur table.**
Plier une feuille en 4. Déplier et coller une gommette au centre de la feuille. Tout autour faire tracer des lignes en spirales en spécifiant que le sens de rotation doit changer à chaque pli.
Puis faire décorer librement l'espace restant.
Le réinvestissement de ces graphismes dans la décoration de frises, de cadres..., permettra d'affiner le tracé, d'asseoir la maîtrise du retournement, exemples possibles de graphismes à reproduire.

feuilles d'ordinateur, gros feutres, gommettes

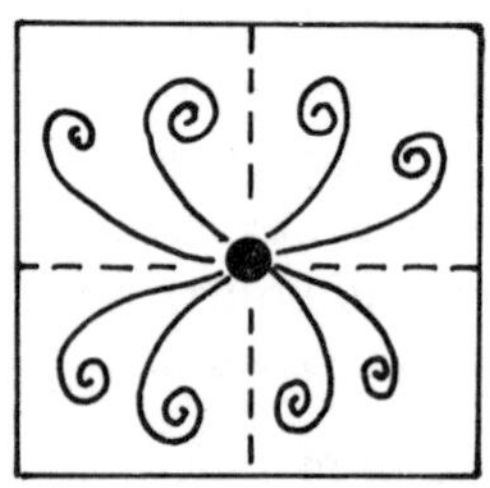

➡ *Maîtriser le mouvement et respecter des rythmes en variant le retournement, la taille, l'orientation du tracé.*

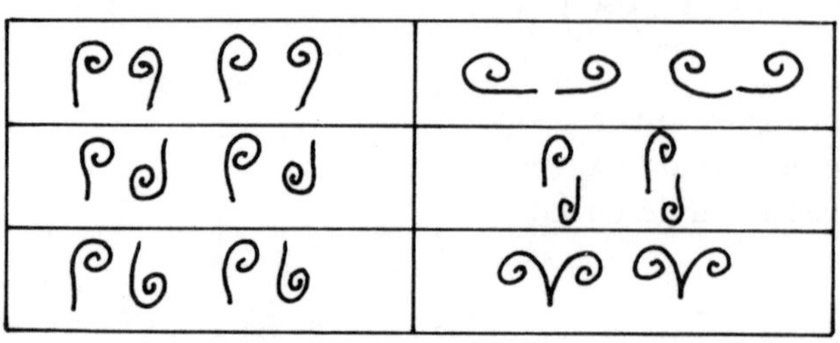

4
Évaluation

Exercice sur cahier de l'élève *(p. 6)*.

Faire observer le dessin et demander aux enfants d'en déduire les consignes.
Puis procéder comme dans les exercices précédents.

➡ *Coordonner dans un même graphisme et dans un mouvement continu une ligne droite et une spirale. Respecter le sens de rotation des spirales données comme modèles.*

petits feutres

CONTROLE	AIDE
On observera :	
• la liaison des deux tracés • la maîtrise du retournement	→ Si les résultats ne semblent pas satisfaisants, on se reportera aux fiches précédentes afin de contrôler le niveau graphique des lignes et des ronds et spirales. → Si déjà les graphismes n'étaient pas maîtrisés, les retravailler l'un après l'autre avant de les lier dans un même mouvement au tableu. Par contre si tel n'était pas le cas, travailler au tableau à main guidée puis laisser l'enfant s'entraîner (et verbaliser ses difficultés) avec l'aide d'un enfant tuteur.
• l'orientation du mouvement	→ Si les lignes ne suivent pas la trajectoire induite par le début des tracés, on fera travailler les tracés obliques de la deuxième fiche. Puis on fera enchaîner les deux mouvements en guidant les lignes droites par des obstacles. 
• la maîtrise des spirales : leur rotondité l'écart entre les spirales le pavage dans le plan (espace entre 2 spirales ou superpositions...)	→ Les problèmes dus à un contrôle insuffisant du fléchissement du pouce seront résolus par l'entraînement au tableau puis sur table, très progressivement, dans le sens de rotation mal contrôlé. Ensuite, on pourra faire prolonger des lignes droites par des spirales comme le propose cette fiche.

LIGNES
ET CANNES

Tracés continus

Objectifs

• Différencier et reproduire les graphismes selon leur orientation (vers le haut, vers le bas, à droite, à gauche).
• Respecter le sens du tracé après décodage de vignettes.
• Produire le tracé dans un mouvement continu en respectant les limites de l'espace donné.
• Préparer la liaison des lettres de l'écriture cursive et le retournement de certaines lettres.

1

Perception

Comptine pour introduire le jeu :

Dans l'île aux enfants,
le grand Peter Pan
cache les crochets
qu'il a dérobés
au capitaine Crochet.

Situation 1 : Jeu mathématique (en classe).

Le déroulement du jeu : 4 joueurs prennent chacun une plaque. À tour de rôle les joueurs tirent une vignette dont la face est cachée et la posent sur la plaque en respectant la couleur et le sens du crochet. S'ils ne peuvent la poser sur la plaque, ils la reposent face cachée dans la pioche.

Le but du jeu : Le premier qui a complété sa plaque a gagné.

➡ *Prendre conscience des différentes directions que peuvent avoir les crochets (en haut, en bas, à droite, à gauche).*

MATÉRIEL

4 plaques de jeu sur lesquelles sont dessinés des crochets de 4 couleurs différentes, orientés vers le haut, le bas, la droite, la gauche

des vignettes avec des crochets, 8 de chaque couleur

➡ *Développer l'attention en prenant en considération 2 critères : la forme et la couleur.*

2
Représentation

Situation 2 : Reproduction du jeu.

Proposer aux enfants de se construire chacun un jeu qu'ils pourront ramener à la maison.
Établir alors un projet de construction du jeu. Pour cela, faire observer le jeu apporté par le maître ou la maîtresse et en déduire le matériel nécessaire à sa construction et les actions à réaliser.

➡ *Développer la fonction logique, l'analyse par l'observation et la mise en relation de données nées de cette analyse.*
Apprendre à structurer et organiser dans le temps les étapes du projet.

L'enseignant apportera les techniques qui permettront d'obtenir une représentation la plus soignée possible :

1. Pour réaliser les plaques, les enfants placent les crochets comme dans le jeu de la situation 1 et les fixent avec du blue-tack ou du scotch. Puis ils peignent la plaque au pochoir. Une fois la peinture sèche ils retirent les crochets.

1 feuille cartonnée de forme rectangulaire, 8 crochets découpés, pochoirs, gouache, blue tack ou scotch, gros feutres / par enfant

➡ *Structurer l'espace de la plaque en le divisant en deux parties et en orientant chaque crochet dans chacune d'elles.*
Comparer avec le modèle de la classe et prendre conscience des deux sens de rotation des crochets.

2. Pour réaliser les vignettes, le maître ou la maîtresse découpe dans chacune des pommes de terre un crochet.
En utilisant la technique du tampon chaque enfant complète ses vignettes.
Une fois sèches, il les place sur ses plaques, en respectant la direction des crochets et colorie ceux qui sont sur les plaques avec les mêmes couleurs.

8 carrés de carton par enfant, 8 pommes de terre (pochoirs) pour l'ensemble de la classe, 4 pots de gouache de 4 couleurs différentes, les mêmes que précédemment

➡ *Se confronter au problème de symétrie de la représentation par technique du pochoir.*
Discriminer les formes voisines

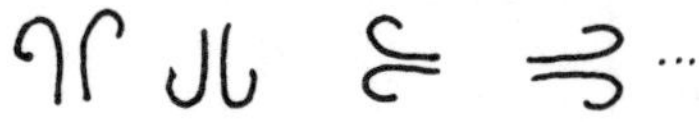

3

Graphisme

Avant de passer à la représentation graphique on proposera aux enfants de faire un crochet en pâte à modeler ou en cure-pipe.

pâte à modeler ou cure-pipe

Situation 3 : Exercices d'entraînement au tableau.

tableau, chiffons, craies

1. Fixer une plaque du jeu de la situation 1 et demander aux enfants du groupe de choisir un crochet (le même pour tous) et d'orienter leur propre cure-pipe de façon identique.

1 crochet par enfant qui peut être utilisé sur les deux faces (voir ci-dessus)

Leur faire reproduire ce crochet à la craie en observant le sens du tracé (de la canne vers le bas, exemple : ou du bas vers la canne).
Faire observer les résultats et demander à chacun de verbaliser la façon dont il a reproduit la forme. Faire coder alors le sens du tracé par des flèches (comme ci-dessus) et demander aux enfants de reproduire plusieurs fois le même crochet en respectant le sens de formation du crochet par décodage du signe fléché.

2. Procéder de même avec les autres orientations possibles des crochets en utilisant, après constatation des deux sens du tracé, un code fléché.

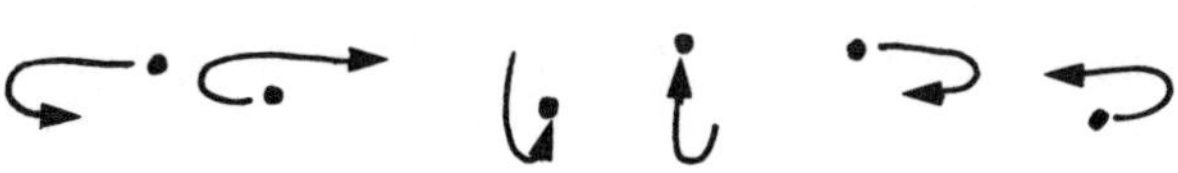

➡ *Orienter les tracés.*
Comprendre et utiliser le codage indiquant le sens du tracé.
Faire dans un mouvement continu une canne, c'est-à-dire une ligne et une spirale interrompue ou un début de spirale se prolongeant par une ligne.
Maîtriser donc parfaitement le mouvement spiralaire étudié dans les deux séances précédentes pour pouvoir le ralentir et le stopper.

Situation 4 : Entraînement sur table.

1. Dessine le plus de crochets différents possible.

feuille d'ordinateur, gros feutres

2. Cet exercice sera proposé en atelier dirigé face au tableau. Le maître ou la maîtresse, après avoir divisé le tableau en 4 parties, fixera des vignettes identiques (mais agrandies) à celles des enfants.
Pour chaque ligne, il fera un essai en verbalisant ses actions. Puis il observera et surveillera le travail des enfants du groupe.
Plie ta feuille 4 fois dans le sens de la longueur. Marque les plis obtenus par un trait au crayon de papier.
Au-dessus du premier pli et à gauche, colle un code fléché et reproduis plusieurs fois le crochet en respectant l'orientation et le sens codés.
Au-dessous colle le second code et fais de même.
Recommence avec les 2 dernières étiquettes.

4 codes fléchés par enfant

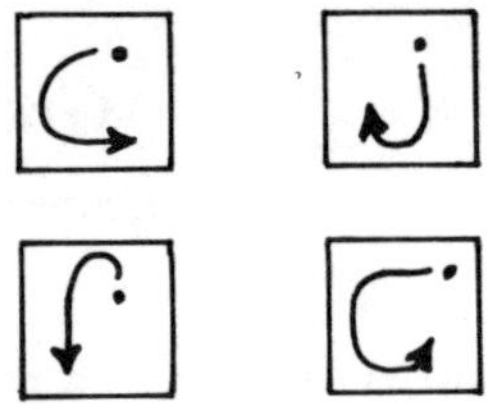

1 feuille d'ordinateur, crayon de papier, gommettes, atelier dirigé face au tableau

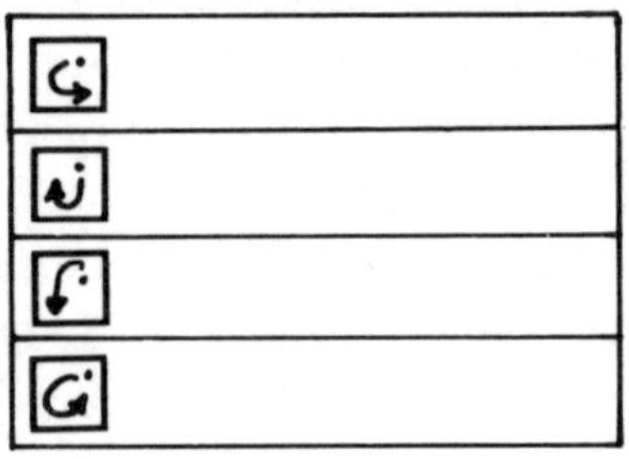

➡ *Entraînement à la production de cannes sur plan horizontal.*
Faire correspondre la lecture verticale des codes à celle identique, placée sur la table, donc en plan horizontal.
Affiner sa production graphique, mieux maîtriser les retournements, les ralentissements, les arrêts.
Avoir le droit à l'erreur en utilisant la gomme et verbaliser ses difficultés pour mieux les dominer.

4
Évaluation

Exercice sur cahier de l'élève *(p. 7).*

Faire observer le dessin et demander aux enfants d'en déduire les consignes.
Avant chaque reproduction d'un nouveau crochet, en faire rappeler l'orientation et le sens du tracé.

crayons de papier, gommes

➡ *Différencier des signes voisins.*
Reproduire un modèle en respectant l'orientation et le sens du tracé.
Préparer ainsi à la liaison des lettres de l'écriture, et au respect des retournements.
Maîtriser le geste dans un espace donné.

CONTROLE	AIDE
On contrôlera :	
• durant l'exercice, le respect du sens de formation des crochets	→ Si le sens n'est pas respecté, on contrôlera la lecture des codes en demandant à l'enfant concerné de verbaliser les actions qu'il s'apprête à faire. → Si la lecture est correcte reprendre les exercices à main guidée, au tableau. Si malgré cela le problème persiste, on pourra reprendre les exercices des fiches 4 et 5.
• après l'exercice le respect de la forme	→ Si le graphisme n'est pas satisfaisant proposer à l'enfant de reproduire un crochet au choix, comme il veut. Vérifier le sens du tracé qu'il préfère, et proposer des exercices l'installant dans ce sens en changeant les dimensions et les orientations. Exemple : 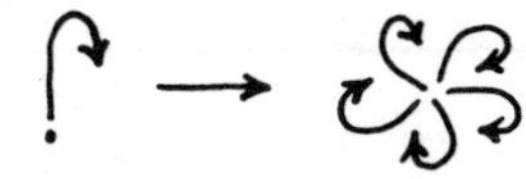 Puis le faire travailler, à main guidée, en commençant par le tracé de la canne dans une seule direction par exemple 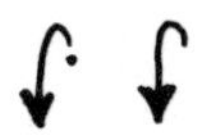 Après une parfaite maîtrise traduite par plus de régularité et une diminution des dimensions, on entraînera l'élève au changement d'orientation. → Si la canne n'est pas arrondie, exagérer la spirale comme dans la fiche précédente  puis travailler à main guidée sur 1 crochet, 1 direction, 1 sens avant de passer aux autres. → Si la ligne n'est pas droite mais courbe 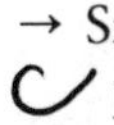 par exemple, exagérer la translation en traçant une ligne droite à rejoindre (exemple : 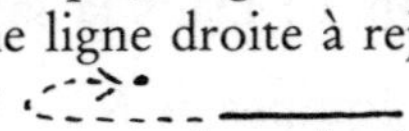) travailler d'abord en tenant la main de l'enfant.
le respect des limites	Si les lignes frontières horizontales sont dépassées ou si le graphisme croise le précédent ou le suivant c'est que le mouvement n'est pas parfaitement maîtrisé. Reprendre les exercices d'entraînement au tableau en demandant à l'enfant de faire « très grand » puis « le plus petit possible », ceci très progressivement. Ne passer au petit tracé que si le grand est parfaitement maîtrisé.

COMPLÉTER UN GRAPHISME

Divertissement graphique

Objectifs

- Accepter de modifier le graphisme d'un autre.
- Enrichir son patrimoine graphique en associant deux ou plusieurs signes connus et maîtrisés et en variant les couleurs, les organisations spatiales.
- Affiner la motricité fine en reproduisant plusieurs fois le même signe en respectant la forme, la taille, l'orientation.
- Structurer l'espace graphique en fonction des éléments qui le composent.

1
Perception

MATÉRIEL

Comptine pour introduire le jeu :

Maman est fâchée,
sa nappe est tachée
de bon chocolat
et de sirop glacé.
Pour réparer cela
ce soir je ferai
de jolis tracés
au feutre violet.

Situation 1 : Dans la salle de jeu.

Répartis en équipes de 6 à 7 enfants, les élèves doivent chercher toutes les façons possibles de dissimuler une « tache », représentée par un cerceau posé au sol, sans le changer de place.

Matériel : 1 cerceau par équipe

- Après avoir trouvé une façon de cacher le cerceau, les enfants observent les propositions des autres équipes et les décrivent.
- Selon la richesse des réponses des enfants, on procèdera à une autre recherche ou à une phase d'imitation des organisations spatiales.

Pour cela, l'équipe dont on copiera la proposition dictera, sans donner les modèles gestuels, la composition de la figure à reproduire.
Les reproductions, par les autres équipes, seront jugées en fonction de la description et de la compréhension des consignes d'ordre spatial et postural.

➡ *Créer une situation où l'enfant devra répondre corporellement à la consigne, en tenant compte des autres enfants, ceux qui coopèrent et ceux qui observent.*
Structurer l'espace en fonction des repères fixes de la salle, des cerceaux posés au sol, des éléments mobiles (enfants de la même équipe, d'une autre équipe).
Comprendre et utiliser un vocabulaire spatial : dans, à l'intérieur, à l'extérieur, sur, à côté, au milieu, entre, autour..., un vocabulaire décrivant les postures : debout, assis, à genou, accroupi, couché (ventre, côté, dos).
Créer des images mentales qui pourront être réinvesties dans le graphisme.

2
Représentation

Situation 2 : En classe, représentation figurative.

Donner à chaque enfant une feuille sur laquelle on aura fait une tache « de chocolat » (marron) différente de celles des autres camarades du groupe. Leur demander de peindre ce qu'ils veulent de façon à cacher ces taches dans les dessins.
Faire observer et comparer les résultats. Les classer en fonction des réponses spatiales :
– les dessins où la tache sera utilisée comme élément du dessin (exemple : corps d'un animal...)
– les dessins où l'on aura ignoré la tache et où elle sera dissimulée par de nombreux petits détails
– les dessins où l'on aura pavé la feuille avec des formes identiques à celle de la tache
– les dessins où l'on aura peint sur la tache

➡ *Accepter de peindre sur une feuille où quelqu'un a laissé une trace.*
Structurer l'espace en fonction des dimensions de la feuille et de la tache.
Verbaliser les résultats en réinvestissant le vocabulaire employé ci-dessus.

gouache : pots de plusieurs couleurs, 1 grande feuille (34 × 49,9) sur laquelle on aura fait une tache marron, brosses rondes

➡ *Développer la créativité en proposant un support aménagé et une consigne précise auxquels les enfants doivent s'adapter quels que soient le niveau, la qualité de leur motricité fine.*

Situation 3 : En classe, représentation, par collage, préparatoire au graphisme.
Comme dans la précédente situation, proposer aux enfants de décorer, par collage, la feuille cartonnée, sur laquelle on aura fait un trou.
L'observation et la comparaison feront prendre conscience :

carrés de papier crépon, boules de cotillon, allumettes, pailles, cure-pipes de petites dimensions, bandes de papier, 1 feuille de bristol (21 × 29,7) par enfant

- des réponses spatiales proposées :
  - décoration par rayonnement
  - décoration par cercle concentrique
  - décoration en spirale
- de la diversité des éléments collés et de leur organisation structurée, regroupée ou anarchique.

➡ *Favoriser l'organisation spatiale, autour de l'élément inducteur en fonction : des éléments choisis pour le collage ; de la forme du trou.*
Développer la créativité par l'observation des constructions et des matières utilisées par les autres enfants.
Modifier la forme des objets en fonction de l'effet désiré.

3
Graphisme

Situation 4 : En classe.

Les exercices proposés ont pour but d'amener les enfants à organiser leur graphisme et à l'enrichir.

exercice 1 : Fais un trou au ciseau dans ta feuille puis décore-la.
Faire observer les résultats et inclure les signes nouveaux, composés, intéressants, dans un fichier de graphisme.

gros feutres, feuilles d'ordinateur, ciseaux

exercice 2 : Faire échanger les feuilles de l'exercice 1 et faire compléter les graphismes par d'autres.
Confronter les résultats et faire une liste des éléments qui peuvent facilement enrichir les lignes, les ronds, les spirales, les cannes. Les enfants comprendront ainsi qu'ils pourront obtenir des réalisations plus riches en coordonnant les formes et les couleurs.

feuilles de l'exercice 1, gros feutres

Les lignes peuvent être décorées par des ronds, des points, des croix, des cannes...

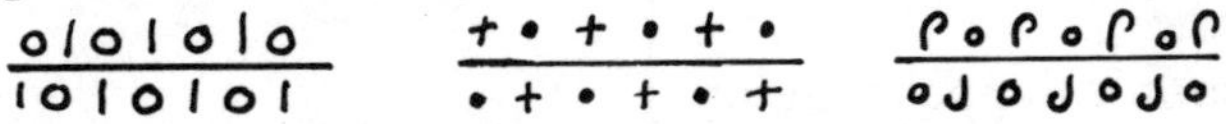

Les ronds peuvent être décorés par des croix, des points, des traits, des spirales...

➡ *Réinvestir les notions dégagées dans le graphisme :*
– organiser les signes dans l'espace autour du trou
– harmoniser les formes, les couleurs, les compositions à partir de plusieurs signes différents
– régulariser les formes et donc maîtriser plus sûrement les gestes
– enrichir son patrimoine graphique en confrontant ses réponses à celles des autres et en les combinant
– accepter de voir son travail modifié par un autre
– accepter de travailler sur une feuille où se trouvent déjà de nombreux éléments graphiques.

D'autres exemples possibles en déclencheront d'autres et enrichiront les productions.

exercice 3 : Tracer une ligne fermée sur chaque feuille d'exercice et demander aux enfants de décorer l'espace intérieur.
Comme dans la situation 3, on fera une analyse des réponses :
– décoration à partir de la circonférence
– décoration à partir du centre de la région ainsi formée
– décoration par pavage
– décoration organisée en lignes, exemple :

feuille (21 × 29,7), petits feutres

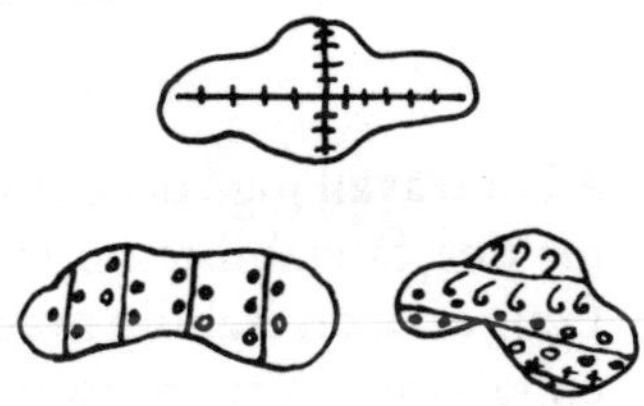

➡ *Réinvestir les organisations spatiales dégagées en exercices 1 et 2.*
Structurer l'espace intérieur à la ligne fermée.

4
Évaluation

Exercice sur cahier de l'élève *(p. 8)*.

Faire observer le dessin et demander aux enfants d'en déduire les consignes.
Faire un rapide bilan des organisations spatiales utilisées pour l'aménagement à l'extérieur et à l'intérieur des taches.

petits feutres

Rappeler en faisant référence aux précédentes réalisations, et au fichier, les différentes façons de modifier et d'enrichir un graphisme.
Attention, pour plus d'harmonie rappeler qu'un même signe sera reproduit plusieurs fois et en fonction des signes déjà existants (exemple : des ronds pour les cannes, des croix pour les ronds etc.).

➡ *Accepter de modifier un graphisme commencé.*
Structurer l'espace en fonction de la forme de la nappe, de la tache et de la disposition des signes graphiques.
Harmoniser et varier les formes, les couleurs, les organisations spatiales.
Développer la motricité fine en produisant des signes : petits et réguliers.
Développer la créativité en adaptant son patrimoine graphique à la nouvelle situation.

CONTROLE

• Nous ne proposerons pas d'exercices de soutien à un travail où la créativité individuelle prend une large place.
On se contentera d'évaluer les productions en fonction de la régularité du tracé, de la richesse des signes et de leur organisation.
Pour cela on observera :

→ la variété des signes, leur nombre, leur disposition, leur organisation, leur dimension.

→ la régularité du graphisme – la maîtrise de l'appui
– le respect de la ou des formes

• Un travail jugé décevant pourra être enrichi lors d'une autre séance, pour éviter une fatigabilité ne favorisant pas le graphisme et la créativité.
Pour cela, on établira avec l'enfant un projet où l'on cherchera avec lui, au besoin en faisant référence au fichier, toutes les améliorations qu'il pourra apporter à son travail.
Les idées seront notées sous forme graphique pour que l'enfant puisse s'y référer.

Exemple : ce qui a été fait → ce qui sera à faire

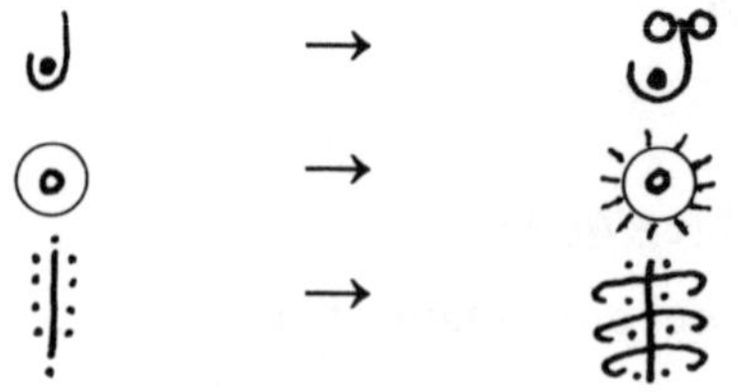

Tracés continus

LIGNES BRISÉES

Objectifs

• Tracer horizontalement de gauche à droite des lignes brisées faites de « pointes » et créneaux en variant leur hauteur et leur largeur.
• Tracer ces lignes dans un mouvement continu sans dépasser la ligne guide inférieure.

1

Perception

MATÉRIEL

Comptine pour introduire le jeu :

Je suis le ramoneur
toujours de bonne humeur.
Je danse sur les toits
pointus et les toits plats.
Comme le funambule,
je suis léger comme une bulle.
Je rêve d'être un oiseau,
quand je suis tout là-haut.

tables, bancs, poutres...

Situation 1 : Dans la salle de jeu. Parcours.

Réaliser un parcours à l'aide de blocs de mousse inclinés ou de bancs dont deux des pieds sont posés sur une table et les deux autres au sol, et de poutres basses ou de barres, exemple :

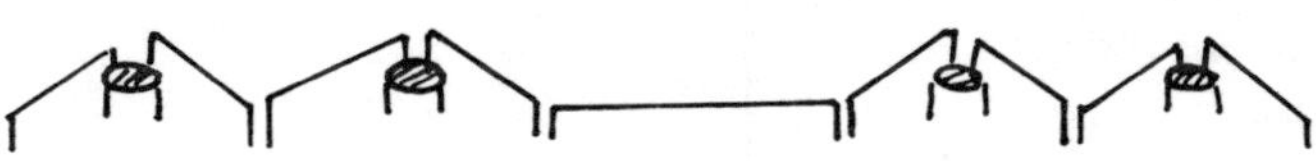

Laisser les enfants parcourir librement l'espace ainsi aménagé. La mise en commun de déplacements proposés par les enfants, et leur imitation, seront des occasions de faire verbaliser les actions donc d'employer un vocabulaire se référant aux différentes parties du corps, aux modes de déplacements ainsi que des locutions d'ordre spatial...

➡ *Vivre une situation qu'on aura à représenter graphiquement.*
Se créer des points de repère spatiaux et temporels.
Prise de conscience des sens ascendant et descendant d'une pente et des différentes possibilités d'action qui en découlent.
Comprendre et utiliser un vocabulaire, des expressions qui seront réinvesties dans les situations de représentation et dans les consignes des exercices graphiques.

2
Représentation

Situation 2 : En classe. Les jeux.

Proposer aux enfants de construire des maisons aux toits pointus et plats, à l'aide des jeux de construction du commerce.

duplo, lego, clipo, polydrons, mécano etc. bonhomme (duplo, lego, playmobil)

Faire assembler, en les juxtaposant, les maisons obtenues, de façon à réaliser une rue.

Demander aux enfants de déplacer un petit ramoneur, de toit en toit, tout en verbalisant les actions et les difficultés, exemple :

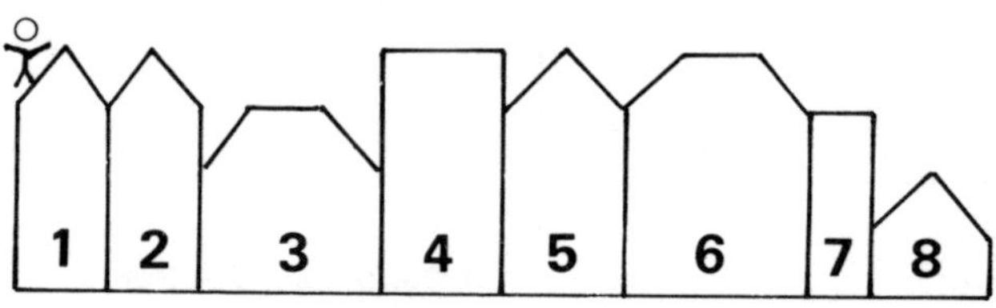

« Le petit ramoneur peut sauter pour aller de 2 à 3 mais il aura des problèmes pour aller de 3 à 4 car la maison 4 est très haute et il n'y a pas de pente... »

➡ *Par la manipulation, favoriser une connaissance intuitive des objets et de leurs propriétés.*
Être confronté aux problèmes de parallélisme, d'orthogonalité, de longueur, d'équilibre.
Développer la motricité fine par un travail de coordination des deux mains.
Réaliser un mouvement en ligne brisée irrégulière dans un mouvement continu. Prendre conscience des formes, des lignes, de leur variété.

On concluera alors que les toits ne sont pas tous pointus et qu'ils ne sont pas à la même hauteur. On recherchera alors un moyen d'assembler les maisons pour permettre au petit ramoneur de « passer plus facilement » d'un toit à l'autre, exemple :

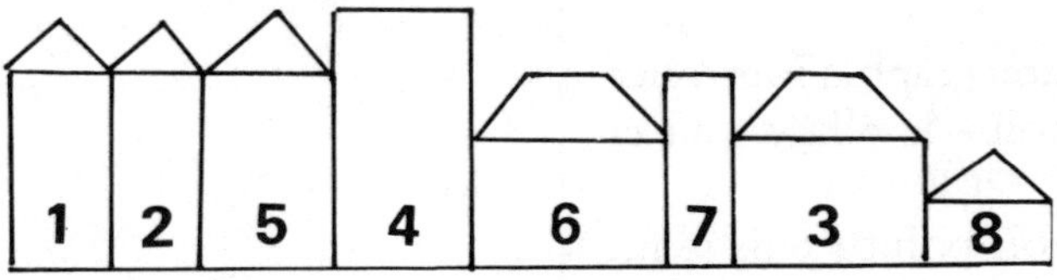

➡ *Ordonner et classer des objets selon leur hauteur, leur forme.*
Prendre conscience de la régularité formée par l'agencement de certaines d'entre elles.

Situation 3 : Représentation par pliage.

1 bande de bristol (4 × 1 m), 1 feuille de bristol, colle

Distribuer à chaque enfant du groupe de travail une bande de carton. Leur montrer par un exemple comment la plier pour former des toits pointus et plats. Puis leur demander de construire eux-mêmes leur enchaînement de toits et les coller sur une feuille de bristol.
Faire comparer et décrire chaque réalisation.

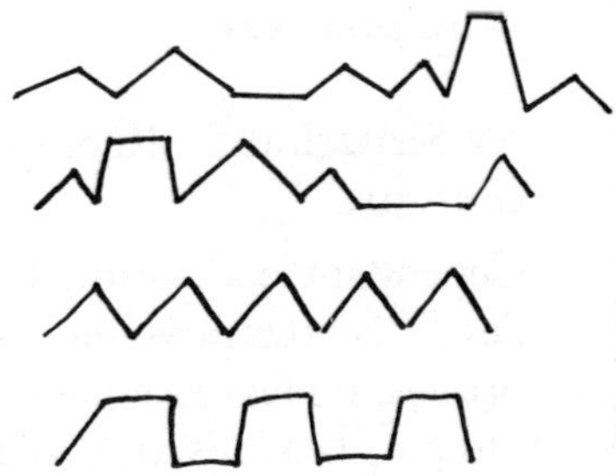

➡ *Coordination motrice de l'action des deux mains.*
Par la verbalisation et le collage, comprendre que plus on écarte les pentes, plus les pointes sont courtes et les « bases » larges.
Créer des images mentales qui seront réinvesties dans le graphisme.

3
Graphisme

Situation 4 : Recherche au tableau d'une reproduction graphique.

tableau, craies, chiffons

Demander à chaque enfant de reproduire au tableau son pliage. Permettre aux enfants d'effacer autant de fois qu'ils le souhaitent. Leur faire verbaliser leurs difficultés de façon à les aider à les résoudre.

➡ *Réaliser de gauche à droite des lignes brisées composées de traits obliques, verticaux et horizontaux.*

À la fin de l'exercice faire comparer chaque réalisation avec le pliage qui a servi de modèle.
On comparera le nombre de toits, les formes, les hauteurs.

➡ *Reproduire un modèle en respectant le nombre d'éléments qui le composent ainsi que les formes et les différences de hauteur.*

Dans le cas d'une représentation graphique erronée, on fera décrire « toit après toit » le pliage tout en le représentant.
Exemple : « Je fais un petit toit pointu puis je fais un trait qui monte très haut, je fais un toit plat je redescends, je fais 3 toits pointus plus hauts que le premier mais moins larges... »

➡ *Par la verbalisation, prendre conscience de ces différents paramètres et corriger ses erreurs.*

Par la suite on pourra proposer des dictées graphiques. Pour cela, un enfant désigné ou volontaire dictera aux autres une ligne de toits.

➡ *Réinvestir les précédentes constatations dans l'explication d'un tracé, donc n'oublier aucun des paramètres.*

Situation 5 : Représentations en mouvements continus.

Cependant la situation 4, qui permet une recherche des différentes possibilités de représentation de lignes brisées, ne favorise pas, surtout dans la dictée graphique, la réalisation d'une ligne en mouvement continu.
On proposera, alors, parallèlement, les exercices suivants.

exercice 1 :

feuilles d'ordinateur, gros feutres, feuilles (21 × 29,7), petits feutres

- Dessine des lignes de très hauts toits pointus
- Dessine des lignes de petits toits pointus
- Dessine 4 lignes toutes différentes de toits pointus (hauts + étroits, hauts + larges, petits + étroits, petits + larges)
- Dessine des toits plats (créneaux)
- Dessine des toits plats de hauteurs différentes
- Dessine des toits plats et des toits pointus

➡ *S'entraîner à réaliser de façon continue des lignes brisées et des créneaux.*
Utiliser l'automatisation du tracé pour varier les hauteurs, les largeurs, les formes des lignes brisées.
Donc maîtriser les ralentissements, les arrêts grâce à un meilleur contrôle des articulations du poignet et du pouce.

exercice 2 : Sur des feuilles où l'on aura tracé une ligne horizontale, faire tracer une ligne brisée sur laquelle reposeront les toits :
- pointus
- plats
- plats et pointus

➡ *Orienter, en respectant une ligne horizontale, des lignes brisées composées d'une forme, de deux formes.*

gros feutres, feuilles d'ordinateur, feuilles (21 × 29,7), petits feutres

exercice 3 : Coucher de soleil sur la ville.

Faire peindre le fond en utilisant les 3 couleurs, jaune, orange et rouge.
Faire tracer une ligne droite, noire et dessus une ligne brisée représentant les toits.
Dessous, faire dessiner les murs de chaque maison.

➡ *Repérer la base des côtés des triangles et carrés formés pour dessiner les murs des maisons. Donc, structurer la ligne brisée en fonction des traits qui la composent, de la ligne sur laquelle elle repose, du haut et du bas du tracé.*

feuille (34 × 49,9), gouache rouge, orange, jaune, noire, 3 brosses larges, 1 brosse ronde

4
Évaluation

Exercice sur cahier de l'élève *(p. 9).*

Faire observer le dessin et demander aux enfants d'en déduire les consignes.
Faire rappeler les différentes formes que peuvent prendre les lignes brisées.
Pour chaque tracé faire prévoir les composants de la ligne à produire et faire un essai du projet sur une feuille de brouillon.

➡ *Idem.*
Établir et respecter un projet graphique, prévoir les formes, les tailles des éléments qui le composent.

petits feutres, feuilles de brouillon

CONTROLE	AIDE
• Au moment du tracé :	
On contrôlera le respect du sens et la continuité du tracé. Pour qu'il y ait continuité il est nécessaire que l'enfant ait mémorisé son projet.	→ Si malgré cela la continuité n'est pas respectée, c'est que les différents mouvements graphiques ne sont pas maîtrisés. On travaillera donc en exercice d'entraînement au tableau : – toutes les pointes  – tous les créneaux  Puis on fera varier toujours en mouvement continu les hauteurs 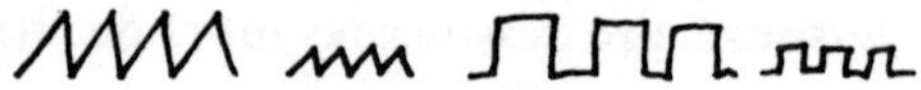 ensuite des lignes hétérogènes seront prévues et reproduites 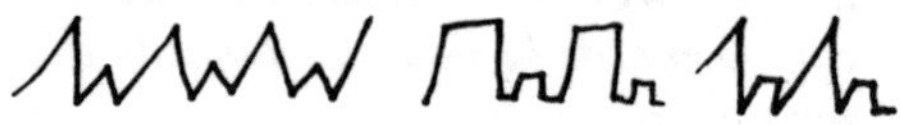
• Après l'exercice :	
On vérifiera – le respect des limites	→ Le tracé dépasse la ligne inférieure, l'enfant n'anticipe pas sur le tracé qu'il maîtrise mal. Des exercices d'entraînement au tableau favoriseront l'automatisation du geste et permettront au regard de guider le mouvement en se détachant du geste.
– la forme du tracé : l'appui, la rectitude des tirets	→ Pour améliorer ce qui pourrait être jugé insuffisant, contrôler le bon maintien du crayon, la posture. Proposer des jeux de doigts et des exercices graphiques sur différents supports, terre, carton, ardoise...
On observera les compositions graphiques dont la richesse donnera une indication sur la maturité graphique, donc sur la maîtrise de certains signes.	→ On pourra éventuellement faire des exercices de reproduction de modèles pour encourager la maîtrise des signes peu utilisés.

RYTHMES DE LIGNES BRISÉES

Tracés discontinus

Objectifs

• Reproduire un ou plusieurs signes organisés en algorithmes à l'intérieur d'un espace donné. Donc respecter le nombre d'éléments, le rythme, l'organisation, l'orientation des éléments qui composent le signe. Lier des éléments, en espacer d'autres.
• Préparer ainsi à l'écriture en capitales d'imprimerie.

1

Perception

Reproduction et recherche de rythmes.

Comptine pour introduire le jeu :

Poum pam pam Poum pam pam, sur mon tam tam. Tape des pieds, pour m'imiter.	Tape des mains, pour les copains. La musique, la rythmique est dynamique

Situation 1 : Dans la salle de jeu.

1. Dispersés dans la salle de jeu, les enfants récitent la comptine en tapant le rythme : (1 2 3)(1 2 3) (1 2 3 4), sur place, avec leurs pieds, avec leurs mains, en tapant sur d'autres parties du corps.
Le même rythme pourra être reproduit au cours de déplacements libres ou organisés en files rondes etc. On proposera également aux enfants de le jouer sur des instruments que possède l'école ou sur des objets usuels (casseroles par exemple).

2. Proposer ensuite aux élèves d'inventer eux-mêmes un rythme qui sera reproduit par les autres enfants, sur place ou au cours de déplacements.

MATÉRIEL

tambourin, claves, triangles, casseroles, cuillères, boîtes de conserve

3. Deux ou trois rythmes intéressants pourront être mémorisés et reproduits : l'un à la suite de l'autre ; ou par groupe rythmique...

➡ *Reproduire et mémoriser un rythme, deux rythmes, trois rythmes.*
Structurer dans le temps les éléments qui les composent (avant, pendant, après).
Dans les déplacements et leur organisation, structurer l'espace parcouru et orienté, en fonction des rythmes proposés, donc des intervalles de temps qui les structurent.
Préparer aux exercices de lecture, écriture et numération par une compréhension des règles de reproduction algorithmique.

2
Représentation

Rythmes de formes diverses.

Situation 2 : En classe.

1. Faire une rapide synthèse écrite et codée des parties du corps avec lesquelles on a joué les rythmes.
Exemple :

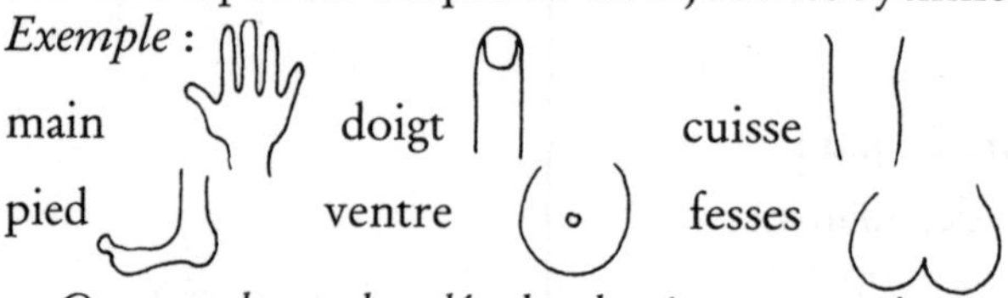

➡ *Comprendre, coder, décoder des signes proposés par l'ensemble de la classe.*

2. Demander ensuite aux enfants de reproduire les rythmes de la situation 1 et de rechercher une façon de les écrire donc de les coder pour s'en rappeler.
Exemple : taper 3 fois dans ses mains peut donner

etc.

➡ *Reproduire un son autant de fois qu'il est représenté = correspondance terme à terme*

3. On procèdera alors à des décodages de rythmes.
Exemple :

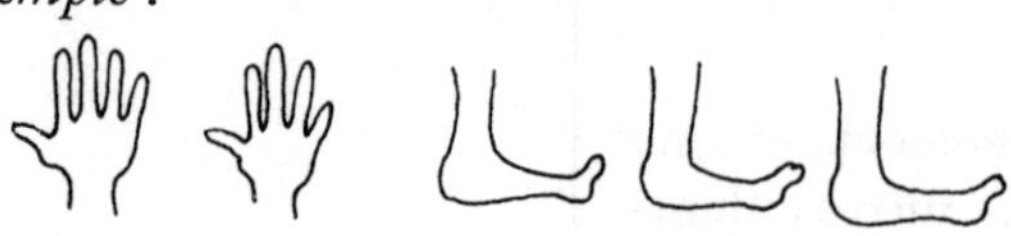
etc.

➡ *Lecture de gauche à droite.*

4. Le codage de rythmes fera apparaître des difficultés graphiques que l'utilisation de codes plus abstraits pourra amoindrir.
Exemple possible de codes :
→ avec utilisation de petits nombres

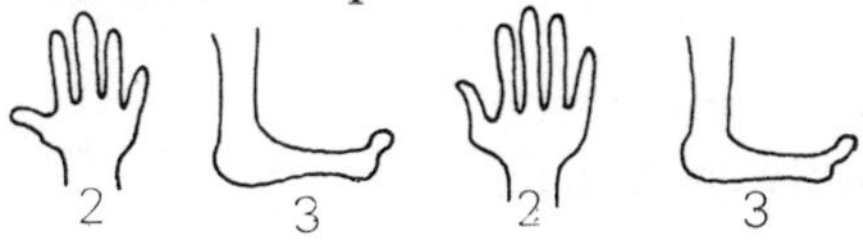

→ avec utilisation des signes abstraits décidés en commun

●● ●●● ●● ●●●

ou || ||| || |||

→ selon la maturité des enfants des solutions purement abstraites pourront être proposées.
Exemple : si le ○ veut dire main et le ● colorié pied, on obtiendra :

○○ ●●● ○○ ●●●

➡ *Comprendre la nécessité d'utiliser un code plus abstrait.*
Le décoder, coder un rythme.

Arrivé à ce point d'abstraction, on pourra réaliser des rythmes qui pourraient avoir pour point de départ une écriture musicale mais dont le but mathématique sera la reproduction d'un algorithme. (Donner, cependant, à chaque signe un sens.)

rythme 1 : Fais un collier de perles de deux couleurs

fil, perles de 2 couleurs

→ ○ ● ○ ● ○ ●
→ ○ ○ ● ● ○ ○ ● ●
→ ○ ● ● ○ ● ● ○

rythme 2 : Colle des bâtons d'allumettes en respectant le modèle :
→ I_I_I_ N_N_N A_A_A
→ Λ_Λ_Λ_ M_M_M W_W_

Pour chacun des exercices, on fera déterminer les formes à réaliser et le nombre d'éléments constituant chacune d'elles.

➡ *Comprendre que tout code peut avoir un sens, qu'il peut s'écrire, se lire, que plusieurs codes peuvent vouloir dire la même chose.*
Lire un algorithme, en comprendre la règle et le reproduire. Vérifier sa justesse en le jouant.

3
Graphisme

Nous privilégierons dans cette partie les rythmes de lignes brisées pour tendre vers l'écriture en caractères d'imprimerie.
Mais d'autres rythmes ayant des formes différentes pourront être proposés en mathématiques.

Situation 3 : Recherche graphique.

1. Donner à chaque enfant d'un même groupe 2 allumettes étêtées et leur demander de trouver toutes les façons de les assembler sans qu'elles se croisent et de reproduire chaque forme proposée sur une feuille d'ordinateur.
Les formes seront observées et comparées.
Exemple :

2 allumettes, feuille, feutre

2. Le même travail de recherche pourra être fait avec 3 allumettes :

3 allumettes, feuille, feutre

3. Avec 4 allumettes :

etc.

4 allumettes, feuille, feutre

➡ *Par la manipulation s'imprégner de la forme, de l'orientation d'un signe pour le reproduire.*
Enrichir son patrimoine graphique en s'appropriant les réalisations des autres enfants.
À partir d'un même nombre d'allumettes, trouver toutes les organisations spatiales possibles.

Situation 4 : Reproductions graphiques.
Les formes observées pourront être classées dans le fichier de graphisme avant d'être reproduites.

exercice 1 : Plie (avec la maîtresse) une feuille en accordéon. Déplie et décore chaque pli en reproduisant plusieurs fois un signe en pointe. Chaque pli doit être différent des autres.

1 feuille d'ordinateur, gros feutres

➡ *Reproduire un signe que l'on s'est choisi, en respectant les paramètres qui le composent (nombre d'éléments, dimension, orientation).*

exercice 2 : Décore des bandes de papier avec deux signes en pointe pour faire un cadre à une peinture.

bande de papier (40 × 6 cm), gros feutres de plusieurs couleurs

3 solutions :

– 1 signe par bande W / A

– 1 algorithme de 2 signes WA sur les 4 bandes du cadre

– 1 signe composé des 2 sur les 4 bandes

➡ *Par une maîtrise des graphismes réalisés en mouvements continus (fiche 8), être capable de ralentir, stopper la trajectoire, de modifier des formes, de respecter les rythmes.*

exercice 3 : Dessine un soleil et décore chaque rayon avec deux signes en pointe.

feuille (21 × 29,7), petits feutres

■

exercice 4 : Reproduis à droite du vase les signes dessinés à gauche. →

vase de papier sur lequel on aura photocopié des signes

➡ *Par le divertissement graphique, entraîner l'enfant à parfaire la production de signes « pointus » c'est-à-dire d'affermir et de respecter la régularité du tracé. Reproduire des signes proposés par l'adulte. En respecter le rythme, le sens, le nombre d'éléments et leur composition.*

exercice 5 : Par groupe de 2, les enfants choisissent deux signes pour dire avec quelle partie de leur corps ils doivent faire de la musique.

Exemple : ⊓ mains et _⋀_ pieds

l'un écrit la musique, l'autre la joue.

feuilles d'ordinateur, gros feutres

■

Puis inverser les rôles.
Les partitions ainsi réalisées pourront être observées, comparées et jouées par l'ensemble de la classe.

➡ *Entraîner l'enfant à mieux reproduire pour mieux être lu.*
Coder un rythme et vérifier la justesse de sa reproduction algorithmique par le décodage musical.

4
Évaluation

■ Exercice sur cahier de l'élève *(p. 10).*

Faire observer le dessin et demander aux enfants d'en déduire les consignes.

face au tableau : petits feutres ou crayons de papier

■

Pour chaque ligne demander aux élèves de décrire le signe à reproduire.
Le faire devant eux en verbalisant les actions pour veiller à ce qu'il soit réalisé de gauche à droite, puis observer la reproduction de chacun.

➡ *Reproduire, en respectant les limites des lignes supérieures et inférieures, et de gauche à droite, les signes proposés. Donc respecter le nombre, l'organisation, l'orientation et le rythme des éléments qui composent chaque signe.*

CONTROLE	AIDE
Durant l'exercice on vérifiera la bonne tenue du crayon et on relèvera le nom des enfants qui ont tendance à reproduire leurs signes de droite à gauche, afin d'inverser et de faire mieux maîtriser le geste, dans la fiche suivante (sur l'écriture en capitales d'imprimerie). Pour évaluer les productions, on observera pour chaque ligne :	
1. le respect de la forme du ou des éléments	1. Si la forme n'est pas respectée jusqu'au bout, faire travailler le signe au tableau à main guidée, dans un premier temps, tout en faisant verbaliser les mouvements.
2. la régularité du graphisme	2. Le manque de régularité peut être un signe de fatigue ou d'immaturité graphique. Pour ces raisons, on ne proposera pas d'autres exercices. On écourtera au contraire les exercices à venir en privilégiant la qualité à la production.
3. le respect des limites	4. Le non respect des limites traduit un manque de maîtrise du geste graphique. Comme en 1, travailler les signes dont le tracé semble insuffisant, au tableau, à main guidée, afin d'automatiser le mouvement. Puis travailler sur table en diminuant progressivement les dimensions des supports.

ÉCRIRE EN CAPITALES D'IMPRIMERIE

Tracés discontinus

Objectifs

• Écrire de gauche à droite toutes les lettres d'un mot en respectant la forme de chaque lettre, en les espaçant régulièrement et en respectant leur position dans le mot.

1
Perception

Comptine pour introduire le jeu :

Tout en haut de l'affiche
de grandes lettres noires
attirent mon regard.
Tout en haut de l'affiche
quelque chose est écrit
en grosses lettres d'imprimerie.
Y'a des I, y'a des A,
Bientôt, je lirai tout ça.

Dans la fiche précédente les enfants ont reproduit des rythmes de formes voisines à celles de capitales d'imprimerie. Ils ont vu qu'ils pouvaient donner un sens à chacun des signes trouvé en décidant ensemble d'un code commun.
Dans cette fiche, ils vont découvrir et reproduire des signes dont le sens ne sera pas décidé par eux.

Situation 1 : Lecture collective d'une affiche.

Le choix de l'affiche : On veillera à choisir ou à construire une affiche dont le titre sera écrit en capitales d'imprimerie. Pour faciliter la découverte du texte, l'illustration sera représentative du message. Les autres écrits indiqueront un titre, une date, une adresse, sans autres éléments écrits qui compliqueraient une première étude.

➡ *S'interroger sur le sens d'un texte.*
Émettre des hypothèses concernant le rôle des caractères que l'on utilise dans l'imprimerie.
Donc pouvoir les classer en capitales, minuscules et nombres.

Laisser dans un premier temps les élèves dire ce que leur suggère l'affiche. Si l'illustration est suffisamment parlante, ils auront tôt fait de dire de quoi il s'agit.
Il faudra alors organiser la lecture autour de la découverte du sens général de l'affiche.

➡ *Des constatations émises, développer d'autres hypothèses sur le sens général des différentes parties qui composent l'affiche.*

Pour cela, on fera observer les caractères qui composent le message :
- les grandes lettres
- les petites lettres
- les « numéros ».

Par la localisation des grandes lettres, les enfants déduiront leur rôle important : « c'est pour dire ce que c'est », « des fois c'est devant des lettres plus petites ». Autour de ces remarques (données en exemple), on poussera les élèves à émettre des hypothèses sur le sens réel du titre.

➡ *Faire appel à son souvenir pour reconnaître des lettres rencontrées à d'autres occasions.*
Observer leur position dans le mot et garder en mémoire leur image et la façon dont elles sont agencées pour mieux comprendre, par la suite, leur rôle.

Habitués de par leur environnement à rencontrer des nombres (à l'école : bande numérique, à la maison : numéros de téléphone, numéro sur la porte...). Les élèves émettront facilement des hypothèses sur leur sens, qui passera bien sûr par leur lecture (guidée par l'utilisation d'une bande numérique).
La reconnaissance du nom du jour ou de la ville vérifiera ou pas les hypothèses émises. Ainsi, par tâtonnement et guidés dans leur recherche par ce qu'ils savent déjà, les élèves découvriront le sens des écrits de l'affiche.

➡ *Comprendre que le sens général d'un texte peut être traduit de différentes façons mais que la lecture d'un mot est unique et dépend de l'association de plusieurs signes.*

2
Représentation

MATÉRIEL

Situation 2 : Reconnaissance des lettres d'imprimerie et reproduction.

1. Demander aux enfants de découper dans les revues et journaux des titres écrits en caractères d'imprimerie. — journaux

➡ *Contrôler la bonne discrimination visuelle des capitales d'imprimerie des autres caractères.*

2. Trier des lettres découpées et les classer par forme à l'intérieur d'enveloppe ou de boîtes (ne proposer que 3 à 4 caractères différents par enfant, une synthèse collective fera apparaître les autres). — lettres d'imprimerie, enveloppe

➡ *Différencier des lettres de formes voisines.*
exemple : M N V W, E F H *etc.*

3. Fabriquer des lettres d'imprimerie : en assemblant des bâtons d'allumettes en les modelant. — allumettes, pâte à modeler

➡ *Choisir et reproduire une lettre en respectant le nombre d'éléments, leur agencement et leur orientation.*

Situation 3 : Former des mots par collage de lettres.

1. Écrire en capitales d'imprimerie le nom de l'enfant, lui demander de le reproduire en collant dans l'ordre des lettres qu'on aura découpées et triées pour lui. — feuille (21 × 29,7), lettres découpées, colle
Avant le collage on vérifiera l'ordre, le sens et l'espacement des lettres.

➡ *Comprendre qu'un mot est formé d'un ensemble de lettres dont on respectera l'ordre et le sens de production.*
Se familiariser avec l'écriture de son nom.
Pouvoir comparer deux écritures en capitales d'imprimerie : celle de la maîtresse et celle formée par les lettres découpées.

2. Demander à l'enfant quel mot il souhaite écrire. Lui écrire le modèle sur une feuille en capitales d'imprimerie et lui donner toutes les lettres du mot plus une en trop. — feuille (21 × 29,7), lettres découpées, colle
Il doit comme en 1. reproduire le mot en éliminant l'intrus.

➡ *Se confronter au sens du terme mot. Comprendre qu'il s'agit d'un élément d'une histoire (phrase). Ne reproduire que le mot en éliminant l'intrus.*

3. On pourra de la même manière qu'en 1. et 2. construire des affiches.
   - annonçant un événement de la classe
   - présentant un livre de la bibliothèque etc.

➡ *Espacer les lettres et les mots de façon régulière.*

3
Graphisme

Comme dans la deuxième partie de cette fiche, nous travaillerons d'abord la reproduction de capitales d'imprimerie isolées, avant de reproduire des mots.

Situation 4 : Écriture de lettres.

Quand cela sera possible, on fera reproduire les lettres dans un mouvement continu.
Exemple :

exercice 1 : Dessine une fleur avec de grands pétales. Décore chaque pétale en traçant plusieurs fois la même lettre. Chaque pétale doit être différent des autres.

feuille d'ordinateur, gros feutres

exercice 2 : Colle une lettre sur une feuille et reproduis-la plusieurs fois pour la cacher parmi d'autres semblables.

idem

exercice 3 : Trace un grand M, décore-le en reproduisant sur la ligne obtenue d'autres M plus petits.

idem

➡ *Reproduire plusieurs fois des signes dans un mouvement continu (quand cela est possible) de gauche à droite.*
En respecter le nombre d'éléments et leur organisation.
Affiner le tracé par la reproduction, mieux maîtriser la forme et réduire les dimensions.
Orienter le graphisme et respecter une trajectoire.

Situation 5 : Écriture de mots.

Pour veiller à la parfaite écriture des mots on travaillera en atelier dirigé en montrant aux élèves du groupe, le mot entier et les lettres formées, une à une. On verbalisera les mouvements de l'écriture.

varier la taille des supports, d'abord des feuilles (34 × 25,4) puis (21 × 29,7) puis (10 × 29,7)

➡ *Respecter le sens de formation des lettres et leur ordre.*

On pourra écrire :

la date

le nom d'un personnage

le nom d'un jeu

le nom d'une activité pour faire des panneaux indicateurs, etc.

En atelier autonome, on proposera des reproductions de rythmes en donnant pour chaque signe un sens codé du tracé et on lira les syllabes à reproduire.

➡ *Écrire pour dire, transmettre un message.*
Utiliser le besoin de communiquer pour créer une plus grande émulation et favoriser par la production le perfectionnement de la motricité fine.

Exemples de rythmes

petits feutres, feuilles (21 × 29,7)

MA – MA	**VU – VU**
LI – LI	**UN – UN**

➡ *Rythmer les lettres donc contrôler les écartements et l'ordre des lettres.*

Exemples de codes à construire ensemble

4
Évaluation

Exercice sur cahier de l'élève *(p. 11).*

face au tableau, crayon de papier, gomme

Faire observer la page du cahier. En faire une lecture par formulation d'hypothèse et faire rechercher ce qui pourrait être écrit avant d'en donner la solution.

Procéder en atelier dirigé à l'écriture du mot MARDI.

1. Observation du mot (forme et nombre de lettres).
2. Le maître écrit devant les élèves la 1re lettre en verbalisant ce qu'il fait.
3. Les élèves la reproduisent, le maître dicte le mouvement.

➡ *Reproduire lettre par lettre le mot MARDI en respectant le sens gauche droite de l'écriture, en ordonnant et en espaçant chaque élément.*

CONTROLE	AIDE
• Durant l'exercice on observera :	
– si les consignes du tracé sont respectées	→ Dans le cas contraire on fera gommer ce qui n'aura pas été bien fait. La lettre sera reproduite à main guidée, puis sans aide du maître, avant d'être exécutée sur le cahier.
– si l'espace réservé à l'écriture est bien réservé	→ Si tel n'est pas le cas, procéder à l'écriture sur une feuille d'ordinateur. Faire coller des lettres découpées à l'endroit où devait se faire l'exercice du cahier.
• Après l'exercice on observera :	
– la fermeté du tracé	→ S'il est tremblotant, il dénote un manque de sûreté de l'enfant qui se crispe. Proposer des exercices où il pourra libérer ses gestes en travaillant sur de plus grands formats.
– l'espace entre les lettres large } mais régulier étroit }	→ Reprendre l'exercice sur une feuille d'ordinateur : – écrire le modèle et demander à l'enfant de le reproduire en alignant ses lettres sous celles du modèle adulte – recommencer en diminuant l'écart entre les lettres.

LES PONTS

Tracés continus

Objectifs

- Tracer des ponts en coordonnant des trajectoires et en respectant les limites de l'espace donné.
  verticale vers le haut et horizontale à droite
  verticale vers le bas et horizontale à droite
  horizontale à gauche et verticale vers le bas
  horizontale à droite et verticale vers le bas.

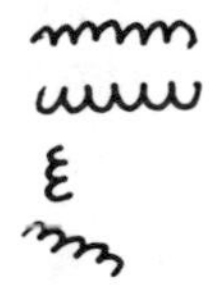

- Varier l'amplitude, maîtriser les arrêts, les départs, les changements d'orientation.

1

Perception

Déplacements : passer par-dessus.

MATÉRIEL

Comptine pour introduire le jeu :

Qui va bondissant à travers champs ?
– Dans le thym, c'est le lapin.
– Dans les choux, le kangourou.
– Dans le fenouil, la grenouille.
– Dans les airelles, la sauterelle.
– Mais dans les houx, c'est le loup,
gare à toi, qui bondis dans les bois !

Situation 1 : Salle de jeu.

Aligner plusieurs rangées de caissettes et demander aux enfants de trouver toutes les façons de passer par-dessus, sans s'arrêter.
Après un bilan rapide des réponses décrites verbalement par les élèves, on pourra organiser des relais mettant en compétition autant d'équipes qu'il y a de rangées de caissettes, à partir des solutions données par les enfants.

caissettes

Exemple : – courir
– sauter à pieds joints, sur un pied...
– sauter à 4 pattes (bondir)
– sauter sur le côté, en avant, en arrière
etc.

➡ *Comprendre et différencier* sur *et* au-dessus de... par-dessus.
Courir vite en évitant les obstacles. Sauter vers le haut, en avant, en arrière, varier les élans, les impulsions, les réceptions selon le mode de déplacement choisi. Coordonner deux axes de déplacement : axe vertical pour le saut et axe horizontal pour le déplacement.
Enchaîner deux sauts.
Verbaliser les actions en les mimant le moins possible, donc trouver les termes désignant les déplacements, le lieu, le temps, les parties du corps.

2
Représentation

Situation 2 : Jeu mathématique.

1. *Jeu et mouvement.*

Ce jeu se joue à 4. À tour de rôle, chaque joueur lance le dé et fait sauter son pion par-dessus autant de bouchons qu'il y a de points sur le dé, sans arrêter le mouvement. Quand un joueur ne peut jouer, il passe son tour. Le premier arrivé a gagné.

coller sur une plaque de carton 4 rangées de 10 bouchons. Prévoir un dé de 1 à 6 points et un bonhomme, petit cheval ou jeton par joueur

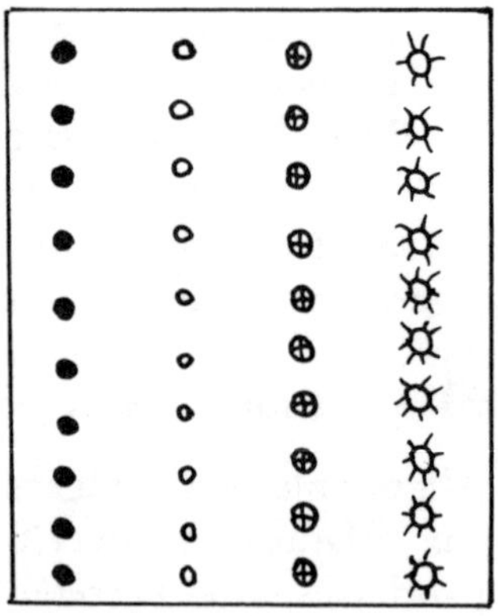

➡ *Espace : Respecter l'espace déterminé par l'alignement des bouchons.*
Compter de 1 à 6. Faire des correspondances terme à terme point/bouchon, comparer des quantités, plus que, moins que de points que de bouchons à sauter.

Pour jouer, les enfants ont déplacé un objet. À présent nous leur demandons de prévoir l'emplacement de l'objet en réalisant le déplacement avec le doigt après avoir lancé le dé.

➡ *Effectuer un mouvement qui sera reproduit par le graphisme.*

2. *Jeu et graphisme sur plan vertical.*

Proposer le même jeu à partir d'une feuille sur laquelle on aura aligné des gommettes dont la couleur d'une rangée à l'autre sera différente. La feuille du jeu est fixée au mur. Dans un premier temps

feuille, gommettes, dé, gros feutres

demander aux enfants de jouer, comme précédemment, en effectuant le déplacement avec le doigt et en faisant au feutre une marque à l'endroit où le doigt s'est arrêté.

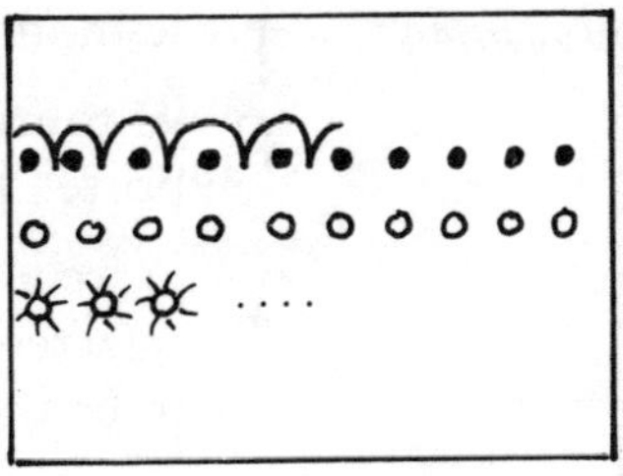

➡ *Coordonner deux mouvements : vertical et horizontal en légère rotation vers la droite. Préparer ainsi à la réalisation de ponts dans un mouvement continu, mais correspondant au nombre de points du dé.*

Proposer le même jeu en faisant tracer des ponts qui passent par-dessus les gommettes, le tracé s'arrête quand le nombre de gommettes correspondant au nombre de points sur le dé est atteint.
Décrire, comparer les résultats obtenus.

idem, gros feutres

➡ *Visualiser un tracé par le mouvement du scripteur sur la feuille. Prendre conscience de la forme obtenue en coordonnant les mouvements.*

3
Graphisme

Situation 3 : Exercice d'entraînement au tableau.
L'observation des résultats graphiques de la précédente situation fera apparaître des variantes dans le tracé :

➡ *Être capable d'affiner l'observation et la comparaison de graphismes de formes voisines afin d'en dégager les particularités de forme, d'orientation...*

On proposera des exercices de reproduction au tableau de chacune des représentations : en arceaux, en vagues, en ponts.
Mais on privilégiera cette dernière dont on retrouve des composantes dans notre écriture en cursive :

m, n, w, u

tableau, craies, chiffon

On fera prendre conscience du sens du tracé et des mouvements qui permettent sa réalisation, en verbalisant l'exécution d'un modèle graphique :

Exemple :

 je monte

 je tourne vers la droite (ou la porte...) pour faire un pont

 je redescends tout droit et je m'arrête là où commençait le premier trait

 je remonte en repassant sur le même trait

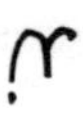 arrivé en haut je fais un autre pont en tournant vers la droite

etc.

➡ *Structurer l'espace sur lequel on travaille, lui faire correspondre l'organisation, la structure de formes que l'on se propose de reproduire : aller de gauche à droite, faire un trait vertical vers le haut, vers le bas.*

L'entraînement à la production de ponts en mouvement continu sera proposé, lors de la première séance, en atelier dirigé. Ainsi le maître ou la maîtresse pourra travailler à main guidée avec les enfants qui éprouvent des difficultés ; difficultés qu'il est bon de leur faire verbaliser pour les aider à les résoudre.

➡ *Par l'entraînement s'imprégner du mouvement, le mémoriser, l'automatiser.*
Faire des constatations, des correspondances entre les variantes du mouvement et les incidences sur le graphisme.

Situation 4 : Exercices graphiques d'affinement du tracé.

exercice 1 : Peins une ou deux rangées de ponts. Dans chaque pont fais des ronds de couleurs différentes, puis décore comme tu veux.

➡ *Affiner le tracé : en tentant de respecter une trajectoire horizontale, en réduisant la taille des ponts.*

feuille (68 × 25,4), gouache de plusieurs couleurs, brosses rondes

exercice 2 : Exercice sur table. Trace plusieurs lignes de ponts.

➡ *Pouvoir adapter, sur plan horizontal, les mouvements produits sur plan vertical.*

feuille d'ordinateur, gros feutres

exercice 3 : Donner à chaque enfant 1 feuille pliée 4 fois dans le sens de la longueur. Leur demander de tracer dans chaque intervalle obtenu, une ligne de ponts, sans dépasser les limites formées par les plis.

idem

exercice 4 : Fais des lignes de ponts en changeant de couleur à chaque ligne.
Puis dessine un bonhomme colorié en noir au milieu de la feuille décorée.

feuille (21 × 29,7), petits feutres, 1 gros feutre noir

Situation 5 : Entraînement au changement d'orientation au tableau.

Lorsque les graphismes précédents seront jugés satisfaisants, donc que le mouvement sera bien intégré, bien aligné, on proposera des tracés orientés différemment en exercices d'entraînement au tableau. On procèdera de la même façon que celle décrite en situation 3 pour les lignes suivantes :

tableau, chiffon, craie

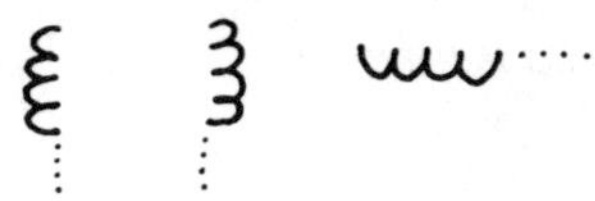

➡ *Maîtriser le mouvement donc le produire de façon automatique pour permettre une inversion du sens de formation et de la trajectoire.*
S'entraîner à réaliser le plus régulièrement possible les ponts inversés et couchés.
Contrôler donc l'amplitude du mouvement, la coordination de trajectoires différentes.

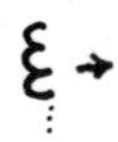 *horizontale à gauche*
verticale vers le bas

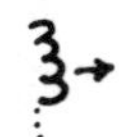 *horizontale à droite*
verticale vers le bas

 *verticale vers le bas*
horizontale à droite.

Situation 6 : Exercices graphiques d'affinement du tracé.

exercice 1 : Trace des ponts tout autour de la feuille, en suivant le bord.
Dessine ce que tu veux au milieu.

feuille (68 × 25,4), gouache, brosses rondes

exercice 2 : Dessine les écailles du poisson.

feuille d'ordinateur sur laquelle on aura dessiné un poisson, gros feutres

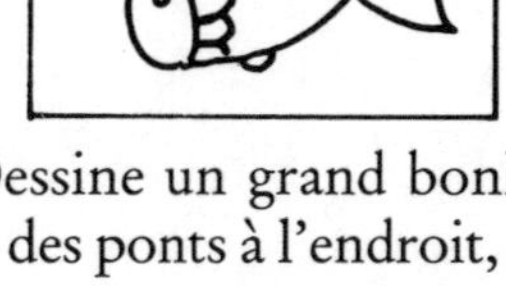

exercice 3 : Dessine un grand bonhomme.
Décore-le avec des ponts à l'endroit, à l'envers et sur le côté.

➡ *Maîriser les ralentissements, les arrêts.*
Guider, orienter le graphisme en se servant du regard comme guide, donc en le détachant et en lui faisant précéder le mouvement.

4
Évaluation

Exercice sur cahier de l'élève *(p. 12).*

Faire observer le dessin et demander aux enfants d'en déduire les consignes.
Faire rappeler les recommandations qui auront été dégagées lors des exercices précédents.

➡ *Faire des ponts d'amplitude variable en un mouvement continu.*
Respecter les trajectoires et ne pas dépasser les limites des lignes frontières.

petits feutres ou crayons de papier et gomme selon les enfants

CONTROLE	AIDE
• Durant l'exercice, on contrôlera la continuité du mouvement qui est indispensable à une future « fluidité » de l'écriture en cursive.	→ Si tel n'est pas le cas, il est indispensable de reprendre les exercices d'entraînement au tableau, à main guidée, puis éventuellement avec l'aide d'un enfant tuteur.
• Après l'exercice, on évaluera la forme des ponts. – leur hauteur – leur rondeur	→ Les ponts de hauteurs variables  montrent un manque de contrôle du ralentissement du tracé dans le sens vertical. Des jeux de rythme dont la variance sera la hauteur, pourront être proposés pour attirer l'attention de l'enfant sur les différences et pour l'entraîner à les respecter. *Exemple* :  → les ponts sont carrés 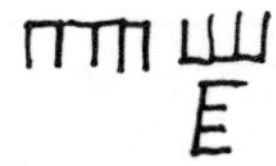 – Donner des exercicves où les ponts se feront par-dessus des gommettes rondes collées  – Si cela ne suffit pas, faire faire des ronds à la fin du mouvement vertical (ou horizontal)  Puis reprendre le tracé comme il est indiqué dans la fiche, au besoin à main guidée. → si les barres forment des boucles  ou si les ponts ne sont pas collés  reprendre les exercices d'entraînement au tableau, faire ralentir le mouvement et demander à l'enfant de le verbaliser.
• Le respect des limites	→ Les ponts sont petits et ne touchent pas les limites mais ils sont réguliers, bien formés. On les acceptera ainsi. → La hauteur de ponts ne correspond pas à l'animal, ou les ponts dépassent les limites. Travailler sur grand format. Puis sur des bandes de papier de plus en plus étroites.

GRAPHISME LIBRE POUR DÉCORER UN PERSONNAGE

Divertissement graphique

Objectifs

• Établir un projet graphique en réinvestissant les signes graphiques connus et en les adaptant à une organisation spatiale que l'enfant, par l'observation et la construction, aura appris à bien structurer.
• Respecter le projet établi en reproduisant régulièrement les signes prévus. Au besoin le modifier pour l'enrichir ou pour pallier une difficulté rencontrée durant l'exercice.

1
Perception

Lecture d'images.

Comptine pour introduire le jeu :

Un oiseau fabuleux,
au plumage merveilleux,
déploie ses grandes ailes,
bordées de fine dentelle.
Oiseau de Paradis,
sauve-toi vite d'ici !
Fuis ce monde sauvage
où l'on met tout en cage !

Situation 1 : Lecture d'images.

L'observation de documents iconographiques : gravures, diapos, photos, reproductions d'œuvres d'art... permettra grâce à la description et la comparaison de fixer des images dont l'enfant se servira pour enrichir ses productions. Les souvenirs des formes, des silhouettes, des couleurs, mixé avec un patrimoine graphique plus ancien, donneront aux créations une originalité, une maîtrise plus intéressante et motivante.

➡ *Comprendre et utiliser un vocabulaire approprié désignant les différentes parties du corps, les formes, les couleurs.*
Par la verbalisation créer des images mentales, mémoriser des associations de formes, de couleurs.

Outre les connaissances ornithologiques que peut apporter l'étude de ces documents, on développera l'imagination par la lecture de livres d'enfants richement illustrés.
En voici quelques-uns dont le graphisme et les couleurs éveilleront la créativité :
– « Comment les couleurs vinrent aux oiseaux », conte de Guyane (Gründ).
– « Umar le magicien », conte de l'Inde (Gründ).
– « Le chat trop gourmand et le perroquet », Galeron (Nathan).
– « Nicki et les animaux de l'hiver », Jan Brett (2 coqs d'or).

2
Représentation

Situation 2 : Travaux manuels et dessins.

Le thème des oiseaux peut être richement illustré par de nombreuses réalisations dont on donnera ici quelques exemples.
Chaque ensemble de productions donnera lieu à des comparaisons dont la confrontation a pour but d'enrichir les connaissances des uns et des autres.

1. **Modelage.**

• Demander aux enfants de modeler un oiseau à la pâte à modeler.
Faire comparer les résultats :
– réalisation en volume
– réalisations « plates »
et faire rechercher collectivement ou en groupe ce qui pourrait enrichir les productions :
– émaillage
– gravure

• Proposer alors à chacun d'établir un projet de modelage soit en reproduisant en terre, mais en l'enrichissant, ce qu'il a déjà fait ; soit en le modifiant et en y intégrant les solutions des autres élèves.

MATÉRIEL

terre rouge ou pâte à sel, pâte à modeler, etc., email, rouleau, batte, mirette, ébauchoir...

➡ *Coordination des gestes des deux mains.*
– gestes de percussion pour aplatir
– gestes identiques et simultanés pour rouler (colombin)
– gestes complémentaires (une main maintient, l'autre agit : pincer... graver).
Maîtrise des articulations fines des doigts.
Approche de notions topologiques par la constatation d'une modification de la forme d'une même masse.
Structuration de l'espace 3 et 2 dimensions.
Établir un projet, donc prévoir les étapes du modelage.

2. **Pliage :** la marionnette

disques de diamètres différents : 3 petits, 2 moyens, 2 grands ; 1 rouleau de papier, 2 triangles de papier pour le bec

– plier les 2 grands disques de papier en deux et les coller l'un dans l'autre
– coller les 2 ronds de moyennes dimensions dos à dos en y insérant le corps, coller les deux triangles du bec sur la tête
– plier les 3 petits disques en deux. En coller 2 de chaque côté du corps pour faire les ailes et le troisième à la place de la queue
– coller le rouleau entre les plis du corps.

➡ *Motricité fine : plier en deux, coller donc coordonner les gestes des deux mains, gestes simultanés ou complémentaires.*
Structuration spatiale sur, sous, entre, symétrie par pliage et parfaite superposition des deux demi disques.
Structuration du temps : avant, après. Ordonner les étapes de la construction.

La construction pourra être présentée sous forme de frise codée. La lecture en sera faite collectivement, puis durant la réalisation, en atelier dirigé, on fera le point sur ce qui a été fait et ce qui reste à faire.

3. D'autres réalisations en volume à partir de boules de cotillon, de rouleaux, de graines, plumes etc. sont possibles. La variété des matériaux utilisés, aussi surprenants soient-ils, déclenchera par association d'autres réponses.

4. **Illustrations sur feuille.**

À partir de techniques différentes, on entraînera les enfants à affiner leur représentation d'oiseaux tout en structurant mieux les parties qui les composent.

feuilles : bristol, papier ingres, canson, etc.

– drawing gum et encres de couleurs
– encre et eau de javel diluée
– encre et pastel
– craies grasses, feutres et white spirit
– craies grasses et pâte à gratter.

➡ *Stimuler la créativité par le plaisir de s'essayer à des techniques nouvelles.*
En respecter les consignes d'utilisation et leurs étapes.
Structuration de l'espace : Organiser l'espace de la feuille support, en fonction de la composition que l'on veut donner à la forme à reproduire (centrer le dessin, adapter les dimensions du dessin à celles de la feuille...), différencier espace intérieur et extérieur de l'oiseau et des différentes parties qui le composent.
Motricité fine : respecter la forme d'un oiseau, harmoniser les formes et les couleurs.

3
Graphisme

L'exercice que nous proposons sur le cahier de l'élève *(p. 13)* est un exercice de divertissement graphique. Nous n'imposerons pas aux élèves des exercices intermédiaires de reproduction de signes qui leur sont étrangers.
Notre rôle sera de les aider à établir un projet graphique.

Pour cela on procèdera en 3 étapes :

■ **1re étape :** Récapitulation collective.

grandes feuilles, gros feutres

■

Par l'observation de la page de l'exercice, on fera dégager les différentes parties qui composent le dessin :
– la tête, le bec, l'aigrette
– les deux ailes
– le dos
– la queue

➡ *Apprendre à organiser son travail, donc à le structurer dans l'espace et le temps.*

Une liste codée des espaces à décorer aidera, dans la seconde étape, les enfants à structurer leur travail.

➡ *Comprendre et utiliser les listes codées.*
Aborder l'écrit, la lecture, comme outil permettant de mémoriser des faits, des lieux, des signes.
Savoir le décoder et donc s'y référer.

Ensuite on rappellera collectivement tous les graphismes que l'on connaît, au besoin en faisant référence au fichier graphique de la classe. On les reportera pour mémoire sur une grande feuille : →

➡ *Établir un bilan de ce que l'on sait. Apprendre à projeter dans le passé ses connaissances, mémoriser.*

Puis on recherchera le moyen d'enrichir chacun des tracés en les composant avec d'autres exemples : →

➡ *Développer la créativité par l'association de signes graphiques différemment orientés dans l'espace.*

feuille récapitulative (voir ci-dessous)

■ **2e étape :** Le projet graphique.

Par groupe, mais en travail individuel, les enfants construiront leur projet graphique en faisant, au besoin, référence aux panneaux récapitulatifs construits collectivement.

Pour les aider dans leur tâche, on donnera à chacun une feuille sur laquelle on aura noté les différentes parties codées et où l'enfant notera les signes qu'il se propose de reproduire.

➡ *Réinvestir pour son propre compte les données dégagées en exercice collectif.*
Structurer les espaces à décorer et trouver des graphismes correspondant à leurs dimensions.
Se construire des modèles donc construire, mémoriser et préparer les mouvements graphiques.

On stimulera leur recherche en encourageant les compositions originales par leurs formes et leurs couleurs.

petits feutres

■ **3e étape :** Production graphique.

Les enfants décorent sur le cahier leur oiseau merveilleux en s'aidant de leur projet.

Une comparaison des résultats permettra de relever :
- les signes nouveaux à classer dans le fichier
- les organisations spatiales utilisées
- le respect des projets

➡ *Reproduire régulièrement les modèles prévus dans le projet.*
Respecter les espaces à compléter.
Organiser les graphismes :
– par pavage
– ou en suivant des trajectoires.
Adapter, apporter des modifications au projet en fonction des besoins : enrichissement créatif, répondre à un problème, une difficulté.

petits feutres, feuille, projet

CONTROLE

• Nous ne proposons pas d'exercices de soutien à un travail où la créativité individuelle prend une large place.
Nous nous contenterons donc d'évaluer les productions en fonction de leur richesse et de leur maturité graphique.

Pour cela, on observera :

– le respect du projet de chacun ou ses modifications en vue d'amélioration créative ou graphique ;
– la régularité dans la reproduction d'un même signe ou au contraire la transformation par lassitude ou manque de maîtrise graphique ;
– la dimension de signes proposés montrant une maîtrise du geste, un bon contrôle (ou pas) des articulations fines (fléchissement du pouce) ;
– la richesse des signes graphiques :
  leur variété de formes, de couleurs, d'association
  leur mouvement en continu, discontinu, leur rythme ;
– le respect des limites fixées par le dessin ou par l'enfant dans la construction graphique (trajectoires...).

• Cependant toute réalisation, jugée peu satisfaisante, pourra à la demande du maître ou de la maîtresse, être enrichie par l'apport de signes complémentaires et différents. L'enfant puisera des idées dans le fichier, dans l'observation des réalisations produites par ses camarades ou dans des livres illustrés...

PONTS, CANNES ET RONDS, ÉCRITURE DU MOT : maman EN CURSIVE

Tracés continus, discontinus et rotations

Objectifs

• Reproduire correctement les graphismes des lettres du mot maman, lier dans un mouvement continu ponts et cannes, faire des ronds en respectant le sens gauche droite.
• Lier les graphismes d'un algorithme et le reproduire en en respectant les composants (forme, orientation, quantité) et la trajectoire.
• Maîtriser son geste dans un espace graphique donné.

1
Perception

MATÉRIEL

Déplacements rythmés.

Comptine pour introduire le jeu :

Maman, douceur.
Maman, bonheur.
Je t'aime grand !
Je t'aime tant,
quand tu me douches,
quand tu me couches,
quand tu me berces
et me caresses.

Situation 1 : Dans la salle de jeu.

1. Aligner des caissettes et des chaises de façon à obtenir un parcours rythmé, exemple :

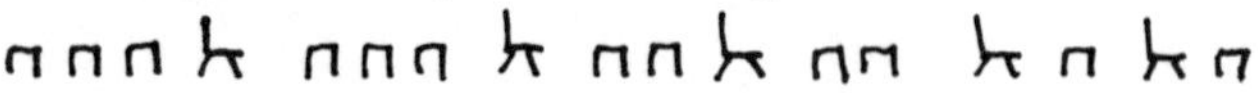

Matériel : chaises, caissettes

Demander aux enfants de trouver toutes les façons de passer au-dessus des caisses et au-dessous des chaises. On observera la façon dont les enfants réinvestiront les réponses obtenues lors d'une séance similaire, décrite dans la fiche 11.

➡ *Comprendre et différencier : sur, sous, au-dessus, au-dessous, par-dessus, par-dessous.*
Courir vite en évitant les obstacles. Sauter vers le haut, en avant, en arrière, varier les élans, les impulsions, les réceptions selon le mode de déplacement choisi.
Coordonner deux axes de déplacement, axe vertical pour le saut et axe horizontal pour la longueur du saut et le déplacement sous la chaise.

Après un bilan collectif de réponses trouvées par les élèves, on passera à une phase d'imitation :

– sous forme de simples parcours à consignes directes, exemple : passe au-dessus des caisses en sautant de face à pieds joints et au-dessous des chaises en rampant sur le ventre, la tête en avant ;
– ou sous forme de course relais. Dans ce cas on prévoiera autant de parcours que d'équipes.

➡ *Développer par les mouvements de reptation les muscles des bras, les pectoraux. Coordonner les mouvements des bras et des jambes.*
Enchaîner deux actions différentes.
Verbaliser les actions en utilisant les termes appropriés désignant les déplacements, le lieu, le temps, les parties du corps, le nombre de fois où le même déplacement est reproduit.

2. Aligner à présent caissettes, chaises et cerceaux en les rythmant.

chaises, caissettes, cerceaux

Et procéder comme en 1.
Exemple :

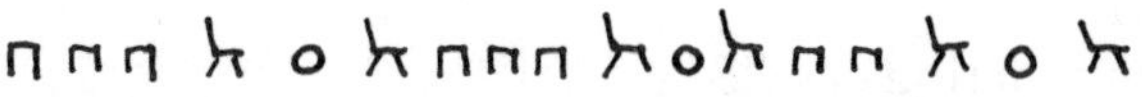

Demander aux enfants de passer au-dessus des caissettes, au-dessous des chaises et de tourner autour des cerceaux.

➡ *Mêmes objectifs.*
Comprendre : tourner autour.
Enchaîner 3 mouvements en translation verticale, horizontale et en rotation.
Développer ainsi la maîtrise corporelle, l'agilité, les réflexes, l'adaptation à des situations différentes.

2
Représentation

Situation 2 : Jeu de représentation.

Sur une feuille de bristol, faire coller les éléments cités ci-contre et inviter les enfants à reproduire le jeu, avec des bonshommes qu'ils déplaceront sur leur parcours (tous identiques ou variant de l'un à l'autre selon leur envie et les règles qu'ils se donneront). →

bouchons, anneaux (joints de plombier), bandes de papier collées en forme de pont, bonshommes, duplo, lego ou playmobil

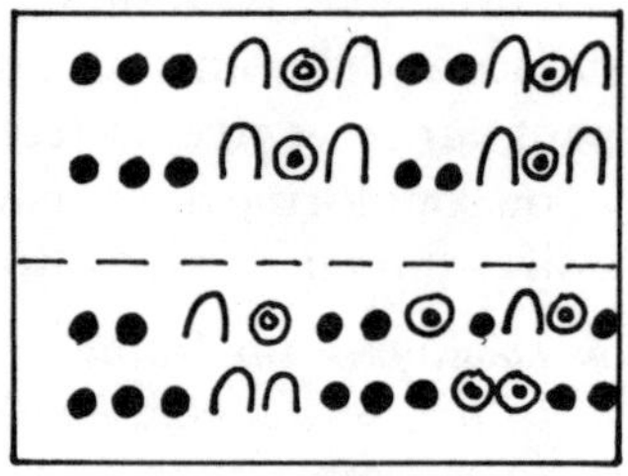

➡ *Espace : Aménager l'espace de jeu. Le structurer en fonction des éléments qui le composent.*
Coordonner des mouvements différents en fonction des codes représentés par les éléments du collage.
Donc, en comprendre l'abstraction et pouvoir les décoder.
Par le jeu, préparer à la réalisation de rythmes de ponts, cannes et ronds.

Situation 3 : Représentation graphique.

même jeu mais en fixant la plaque au tableau

Reproduire le même jeu en faisant tracer le chemin au doigt.
Le passage du doigt sous la « chaise » posant problème, on aplatira la bande de papier, la représentant, et on fera passer le doigt sous le papier aplati et non plus au travers, ce qui facilitera le graphisme.
Ensuite tracer le chemin au feutre.
Observer et décrire les résultats en fonction des éléments collés et des tracés obtenus.
Exemples :

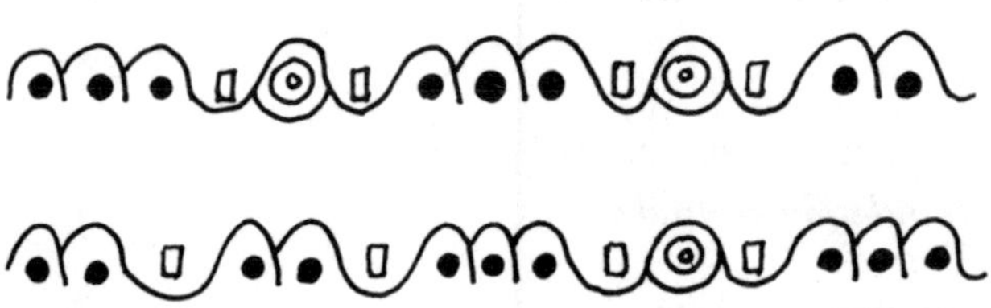

➡ *Visualiser un tracé par le mouvement du scripteur sur la feuille.*
Prendre conscience de la forme obtenue en coordonnant les mouvements, des rythmes réalisés.
Remarquer que les tracés ressemblent à des écritures.

3

Graphisme

Situation 4 : Exercice d'entraînement au tableau.

tableau, chiffons, craies

1. On pourra dans un premier temps reproduire au tableau les graphismes obtenus précédemment.
Exemple : maman nnmam

➡ *Reproduire un graphisme sans l'aide des guides (obstacles collés).*

2. Puis on proposera des modèles dont les règles de reproduction seront déduites de l'observation.
Exemple :

mnmnmnm ... mama ...

mnmnm ... nana ...

nnnn ... manman ...

➡ *Observer, analyser les données, formes, répétition.*
En déduire une règle et vérifier ses hypothèses sur l'ensemble du modèle.
Appliquer la règle en poursuivant la frise.

On fera rappeler, avant de continuer les rythmes, la manière de tracer les ponts (voir fiche 11).

➡ *Reproduire les signes en respectant les règles du tracé (sens de formation).*

Enfin on attirera l'attention sur les deux sens de formation des O : sens des aiguilles d'une montre, sens inverse des aiguilles d'une montre (voir fiche 3).
Les enfants ayant remarqué que les rythmes ressemblaient à des lettres, on leur expliquera que les ronds en écriture doivent se faire de gauche à droite, car on écrit de gauche à droite et qu'en les faisant à l'envers on risque d'écrire à l'envers.
Les premiers tracés se feront donc au tableau sous l'œil vigilant du maître ou de la maîtresse.

➡ *Être capable de maintenir son attention et de respecter jusqu'au bout de l'exercice les consignes de formation des tracés et les consignes algorithmiques.*

Lorsque les élèves seront capables de respecter seuls le sens des tracés on leur proposera des exercices d'entraînement sur table.

Situation 5 : Tracés continus et discontinus sur table.

Afin d'aider les enfants de sens dominant de rotation « droite gauche » à respecter le sens de rotation gauche droite, on fixera sur la table l'écriture codée du rond ou les signes dont s'étaient servis les élèves dans les séances de la fiche 3.

exercice 1 : Pour faire un cadre à un dessin ou à une peinture, on pourra faire reproduire tout autour de la feuille, en suivant les bords, les rythmes suivants :

mmm / mamama / aanaan / rarara etc.

gros feutres

➡ *Reproduire sur plan horizontal des mouvements préparés au tableau.*
Observer, comprendre la règle de reproduction de l'algorithme et le poursuivre.

exercice 2 : Faire plier une feuille plusieurs fois et demander aux enfants de décorer chaque pli par des décorations différentes mais toutes faites avec des ponts, des cannes et des ronds qui se tiennent.

feuille d'ordinateur, gros feutres

➡ *Suivre une trajectoire, donc montrer : que l'on maîtrise les productions liées de ponts, cannes et ronds ; qu'on a compris et mémorisé l'algorithme ; qu'on peut donc libérer le regard du mouvement pour guider le tracé.*

exercice 3 : Faire des gros gribouillis (arabesques) sur une feuille. Remplir l'espace intérieur des bulles par des signes différents d'une bulle à l'autre. On donnera des modèles dont l'observation fera apparaître la discontinuité :

m m m / mn mn / v v
na na na / aa aa / am am

feuille d'ordinateur, 1 gros feutre pour l'arabesque, des petits feutres pour le graphisme

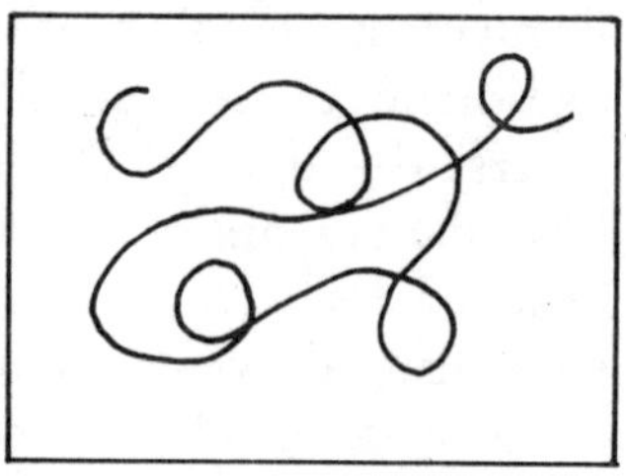

exercice 4 : Placés par deux, chaque enfant invente un graphisme construit avec des ponts, des cannes, des ronds, en tracé continu ou discontinu que le camarade doit reproduire.

➡ *Différencier les tracés continus et discontinus, donc maîtriser les ralentissements, les arrêts, les départs, les retournements.*
Affiner le graphisme, en réduire ses dimensions. Faire petit.
Avoir intégré les structures, les compositions des formes et pouvoir en inventer d'autres.

4
Évaluation

Exercice sur cahier de l'élève *(p. 14)*.

crayon de papier, gomme

1. L'écriture du mot *maman* se fera avec le maître ou la maîtresse en atelier dirigé. On montrera l'écriture complète du mot. On décrira les signes qui le composent, leur rythme, leur liaison.
Puis le maître montrera comment s'écrit la première lettre en verbalisant les mouvements qu'il produit. Puis il surveillera l'écriture des élèves du groupe en verbalisant les mouvements qu'ils doivent reproduire.
Il poursuivra ainsi avec la deuxième lettre du mot.

➡ *Écrire de gauche à droite toutes les lettres du mot* maman *en respectant le sens de formation des lettres et leur liaison et en respectant les limites du cadre proposé.*

2. Faire observer les graphismes à reproduire, les décrire pour en déduire les règles de reproduction. Les terminer en atelier autonome.

➡ *Reproduire des rythmes simples continus et discontinus. Respecter les formes et le nombre de leurs composants.*

CONTROLE	AIDE
1. Durant l'écriture on veillera :	
– au respect du sens des tracés, des ponts des cannes des ronds	→ si l'enfant persiste dans ses erreurs reprendre les exercices d'entraînement, d'abord à main guidée des fiches 3 et 11 selon le cas.
– au mouvement continu qui lie les ponts et les cannes	→ si tel n'est pas le cas on observera une cassure . On attirera l'attention de l'enfant sur ce défaut et on lui proposera des exercices d'entraînement au tableau avant de poursuivre, à un autre moment, l'écriture du mot.
– au respect des limites	→ si l'écriture est trop haute ou s'étale trop en longueur, arrêter l'exercice du cahier et le poursuivre sur une feuille d'ordinateur où l'enfant aura plus de place. Par l'entraînement et en réduisant progressivement les limites du tracé, par des supports plus petits ou des lignes frontières à respecter, on l'amènera à réduire la taille des graphismes. Parallèlement proposer des jeux de doigts, des exercices d'enfilage de perles, pour affiner la maîtrise du fléchissement du pouce.
2. Pour évaluer les graphismes du dessin on contrôlera :	
– le bon respect de la forme des ponts, des cannes, des ronds	→ si les graphismes ne sont pas satisfaisants reprendre à main guidée au tableau en mouvement continu :  Si le graphisme se transforme, contrôler les précédentes réalisations car c'est peut-être le signe d'une lassitude de l'enfant durant l'exercice. Gommer et faire reprendre à un autre moment.
– la liaison de 2 signes	→ si elle n'est pas satisfaisante, voir en 1.
– le respect du nombre d'éléments répétés	→ si un enfant a ajouté ou supprimé un pont dans une série, faire reprendre l'exercice en comptant à voix haute les éléments. Exemple : 1 pont 2 ponts 3 ponts 1 canne 1 pont 2 ponts 3 ponts 1 canne...
– le respect des limites	→ le non respect peut être dû à un problème de réduction des signes ou à une déviation de la trajectoire. Dans le premier cas, voir en 1. Dans le second cas, *si le mouvement est bien intégré*, tracer 1 ligne droite horizontale et faire reposer les tracés sur cette ligne.

LES BOUCLES DANS LE SENS DOMINANT DE ROTATION

Tracés continus et rotations

Objectifs

• Produire de gauche à droite, dans son sens de rotation dominant, des suites de boucles. Coordonner ainsi parfaitement les mouvements de rotation et de translation.
• Ralentir le tracé pour en contrôler les variations d'amplitude.
• Affiner la maîtrise du fléchissement du pouce. Automatiser le mouvement et permettre au regard de s'en détacher pour mieux le guider.

1
Perception

Comptine pour introduire le jeu :

Danse sur ce petit air.
Valse comme ton grand-père.
Tout étourdi, tu seras
en dansant dans ces bras-là.
Mais quels souvenirs tu auras
en pensant à cet air-là !

Situation 1 : Danse dans la salle de jeu.

1. Laisser les enfants danser librement sur la musique, afin qu'ils s'imprègnent du rythme, des thèmes musicaux et qu'ils en repèrent les changements.
L'analyse des mouvements proposés par les enfants fera apparaître la prédominance des girations.

2. Sur la même musique, on fera rechercher toutes les façons de danser seul en tournant.
Au moment du regroupement et même pendant l'exercice, les enfants ressentiront le tournis. On leur expliquera, alors, que comme dans la comptine, ils sont tout étourdis. Pour lutter contre cela, ils trouveront d'eux-mêmes que l'on peut tourner dans l'autre sens.

MATÉRIEL

musique de valses viennoises, par exemple : « Sang viennois » de Johann Strauss

On fera une synthèse des différentes solutions proposées :

tourner sur place – se balancer
tourner en avançant (marche, galop...)
tourner debout
tourner assis...
tourner en bougeant les bras
tourner dans un sens
tourner dans l'autre sens etc.

L'ensemble des solutions pourront être organisées chronologiquement en fonction des instants et repères musicaux pour constituer une danse collective.

➡ *Écouter et apprécier les composantes d'une musique en évoluant dessus.*
Utiliser un vocabulaire approprié à la situation qui sera d'ordre corporel (marcher, balancer, tourner, mouvement des bras...) ; d'ordre spatial (autour, d'un côté, de l'autre, en avant, en arrière, au sol...) ; d'ordre temporel (avant, après, vite, lentement...).
Adapter les déplacements, les mouvements en coordonnant les critères, issus de l'écoute musicale (repères musicaux, refrains...) ; de la structure de l'espace dans lequel on évolue (repères fixes : murs, meubles... et repères mobiles : autres enfants).
Mémoriser des mouvements et leur ordre d'exécution pour construire une danse en fonction des repères musicaux.
Coordonner deux mouvements en rotation et translation et préparer ainsi aux exercices graphiques.

2
Représentation

Situation 2 : En classe. Représentation par le jeu.

même musique, bonshommes (duplo, playmobil...)

1. Proposer aux enfants de faire danser leurs bonshommes sur la même musique.
Les mouvements de bras ne pouvant être reproduits on se contentera de reproduire les déplacements c'est-à-dire

les rotations :	– sur place	– assis
	– en avançant	– à genoux
	– dans un sens	– debout
	– dans l'autre	...

les balancements : : – de droite à gauche
– en avant en arrière
– sur place
– en se déplaçant...

2. Reproduire au doigt les mouvements effectués avec les bonshommes.
Puis recommencer en faisant glisser le doigt trempé dans la peinture sur une feuille.
Faire observer les résultats, les décrire, les comparer :

tourner sur place

se balancer

tourner en avançant

grande feuille collective, peinture au doigt, 1 couleur par enfant du groupe

Situation 3 : Imprégnation de la forme par la construction.

Chaque enfant disposant d'une feuille cartonnée, leur demander d'y coller des boules de cotillon en les alignant et en les espaçant.
Puis leur faire modeler un long colombin et leur demander de faire des boucles en entourant chaque boule de cotillon sans couper le colombin. →
Après l'observation des résultats, proposer aux enfants de reproduire d'autres boucles avec un long fil de laine pour remplacer la pâte à modeler.
Faire personnaliser chaque production par des décorations libres faites au gros feutre.

➡ *Aligner des boules, donc respecter une trajectoire horizontale. Espacer régulièrement les éléments à coller.*
Respecter le rythme du collage imposant le passage de la pâte ou de la laine, autour, au-dessus ou au-dessous (selon le sens de rotation) de la boule.
Coordonner l'action des deux mains en mouvements simultanés (pour la fabrication du colombin) et en mouvements complémentaires (pour la fabrication des boucles).

feuille bristol (21 × 29,7), boules de cotillon, pâte à modeler, laine

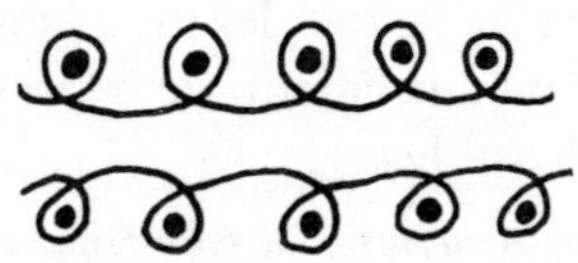

3
Graphisme

Situation 4 : En classe, face au tableau : mécanisation du tracé.

1. **La forme du tracé.**
Demander aux enfants placés face au tableau, de représenter une ligne de boucles.

tableau, craies, chiffons

➡ *Déterminer le sens dominant de rotation de chacun, ainsi que les altérations du tracé qui peuvent être dues à :*
– la prédominance du mouvement de rotation, provoquant des chevauchements 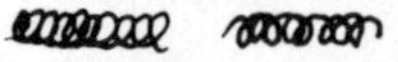
– la prédominance de la translation éliminant les boucles. 

Après avoir réparti les élèves en groupes de difficultés et de sens de rotation identiques, proposer selon les cas les exercices suivants :

a) Pour éviter le chevauchement, insister sur le déplacement latéral et matérialiser le point d'arrivée du tracé, par une tache de couleur par exemple. Demander à chaque enfant du groupe de faire une série de boucles, en partant de la bordure gauche du tableau pour arriver à celle de droite. Travailler, au besoin, en tenant la main de l'enfant et en faisant remarquer les déplacements du corps et des pieds, durant le tracé.

b) Pour éviter la transformation des boucles en pointes, accentuer les mouvements de rotation en demandant aux enfants de tracer des boucles les plus grandes possibles.

➡ *Améliorer la coordination de la translation et de la rotation du mouvement dans le sens de rotation dominant de chacun.*

2. **Mécanisation du tracé.**

Lorsque les enfants seront capables de faire des boucles en mouvement continu sans altération importante, on leur proposera des exercices d'entraînement qu'ils pourront faire à deux sous forme de jeu. Mettre, bien sûr, ensemble des enfants de même sens de rotation.

exercice 1 : Diviser le tableau en deux parties (1 pour chaque enfant). Dans chacune d'elles, marquer le point d'arrivée et de départ du tracé. Au signal les 2 enfants tracent une ligne de boucles. Le premier arrivé a gagné.

➡ *Installer les enfants dans leur sens dominant. Libérer le geste, l'automatiser.*

exercice 2 : Comme en 1, diviser le tableau en deux. Cette fois les 2 joueurs doivent coordonner leurs mouvements pour arriver en même temps sur la ligne d'arrivée.

➡ *Avoir suffisamment mécanisé le tracé pour pouvoir en détacher le regard et suivre les mouvements produits par un autre.*

exercice 3 : Un enfant produit le tracé, les yeux bandés. Il s'arrête quand son camarade lui indique qu'il est arrivé. Les enfants échangent leur rôle. À la fin le gagnant est celui qui a produit le plus beau tracé. Les critères seront la forme des boucles et l'horizontalité de la trajectoire.

➡ *Produire mécaniquement un tracé en s'aidant de la mémorisation du mouvement (et des étapes qui le composent), et des images mentales qu'on s'est créé durant les exercices précédents.*

3. **Variétés de tracés.**

Le mouvement étant mécanisé, donc maîtrisé, on va pouvoir varier l'amplitude des boucles et affiner la motricité fine par la nécessité de mieux contrôler les freinages.

exercice 1 : Fais des boucles les plus grandes possibles.

exercice 2 : Fais des boucles les plus petites possibles.

exercice 3 : Fais des lignes en mélangeant les grandes et les petites boucles.

exercice 4 : Dictée. Placer par 2. Un enfant dicte à l'autre ce qu'il doit faire (une grande boucle, une grande boucle, une petite boucle etc.).

➡ *Affiner le tracé. Après avoir mécanisé le mouvement au niveau des articulations de l'épaule, du coude, du poignet, le maîtriser au niveau des articulations des doigts.*
Ralentir le mouvement pour contrôler la variation des amplitudes, le respect de la trajectoire.
Comprendre une consigne et produire le tracé correspondant.

Situation 5 : Exercice d'entraînement individuel et affinement du graphisme.

feuille (68 × 25,4)

1. **Sur plan vertical.**

a) Trace sur la feuille blanche, avec le drawing gum qui est blanc, une ligne de grandes boucles. Laisse sécher.
Peins la feuille sur toute la surface avec des taches d'encre de couleurs différentes.
Laisse sécher. Enlève le drawing gum en frottant ton doigt dessus (la ligne bouclée apparaît en blanc).
Décore au gros feutre noir cette ligne bouclée.

drawing-gum, encres de couleur, brosses rondes, 1 gros feutre noir

➡ *Structuration de l'espace :*
– aménager l'espace en produisant de grandes boucles, en le pavant par coloriage ;

– le structurer en fonction des composantes de la ligne et des espaces colorés ;
– différencier intérieur extérieur, autour, sur...
Motricité fine : produire de gauche à droite une ligne bouclée en mouvement continu sans voir le tracé (voir situation 4).

b) Coller en les espaçant sur une trajectoire horizontale, des grandes bandes de papier coloré ainsi que des plus petites.
Peindre des grandes boucles autour des grandes bandes et des petites boucles autour des petites bandes.
Décore comme tu veux l'espace restant.

gouache, petites brosses rondes, bandes de papier (15 × 3) et (6 × 3), feuille (68 × 25,4)

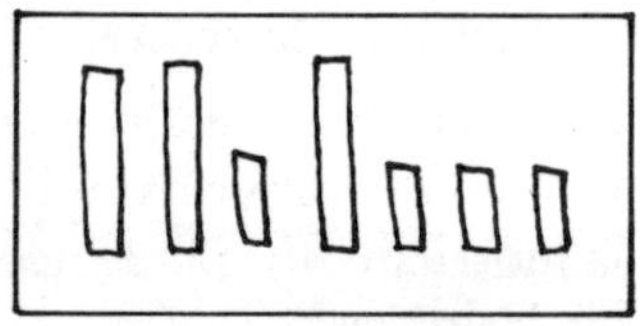

➡ *Affinement du tracé :*
– le ralentir pour respecter l'ampleur des boucles
– orienter et contrôler l'alignement des boucles et leur hauteur (commencer ainsi à contrôler les ondulations, les retournements de tracés).

2. **Sur plan horizontal.**

a) Pour faire un cadre à des peintures ou des dessins, faire des boucles sur des bandes de papier qui touchent les bords supérieur et inférieur de la feuille.

gros feutres, bandes de papier de largueur variable selon la maîtrise graphique des élèves

➡ *Contrôler l'amplitude des boucles et leur alignement.*
Régulariser le graphisme.
Adapter le tracé au format de la feuille.

b) Fais un dessin sans le colorier.
Remplis les surfaces obtenues en traçant des boucles dont la couleur variera en fonction de la région à paver. →

feuilles d'ordinateur, petits feutres

➡ *Faire des lignes bouclées de petite amplitude.*
Respecter les limites des formes composant le dessin.

c) Sur une feuille où le maître ou la maîtresse aura tracé des lignes horizontales non parallèles mais non sécantes, faire tracer des boucles entre ces lignes.

feuille (21 × 29,7), petits feutres

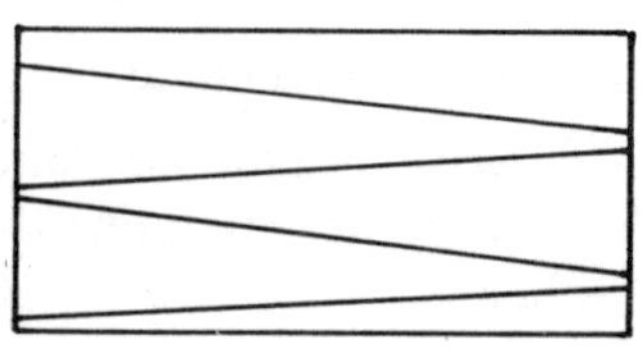

➡ *Adapter le graphisme à un espace graphique variable. Donc, avoir suffisamment intériorisé le mouvement pour permettre au regard de s'en détacher et donc de le guider.*

4
Évaluation

Exercice sur cahier de l'élève *(p. 15).*

Faire observer le dessin. En déduire les consignes.

Faire tracer au doigt les boucles à l'intérieur de chaque espace pour que les élèves puissent s'en imprégner avant le tracé.
Procéder de même pour les 2 dernières lignes afin que l'enfant puisse, tout en se familiarisant avec la surface, prévoir l'amplitude des boucles qu'il fera et leur rythme.

➡ *Tracer de gauche à droite des lignes bouclées, le plus régulièrement possible, c'est-à-dire en coordonnant au mieux la rotation et la translation du mouvement. Prévoir et produire des boucles d'amplitude variable.*

petits feutres

■

CONTROLE	AIDE
On observera :	
• La forme du tracé	→ La prédominance entre les mouvements de translation et de rotation. Si l'un ou l'autre entraîne une détérioration telle qu'elle aboutit à une non reconnaissance du tracé, on reprendra les exercices a) ou b) de la situation 4 « 1. La forme du tracé ».
• L'amplitude du tracé	→ Le non respect de l'amplitude des grandes cycloïdes sera corrigé au tableau par des exercices à main guidée dans un premier temps. Parallèlement, on encouragera les jeux et les danses faisant intervenir des mouvements de bras de grandes amplitudes (avec des foulards par exemple). → Si l'enfant a du mal à réduire l'amplitude des boucles, on proposera des jeux de doigts et d'autres exercices de reproduction de boucles sur grand format. Car on peut penser que l'enfant n'a pas encore maîtrisé le mouvement et ne peut le reproduire en petit.
• La régularité des boucles	→ La hauteur des boucles varie en sens décroissant : il y a perte de la rotation, reprendre les exercices de la situation 4 en exagérant la hauteur des boucles puis guider le tracé : – par une ligne haute, à toucher à chaque boucle, dans le cas d'un sens de rotation ascendant droite gauche 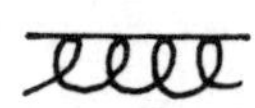 – par une ligne basse, à toucher dans le cas d'un tracé en rotation descendante droite gauche.  → La hauteur des boucles varie en sens croissant : proposer des exercices sur des bandes de papier de plus en plus étroites.
• Le rythme des boucles dans les deux derniers exercices	→ Si le rythme semble anarchique, fortuit, indépendant de la volonté de l'enfant, se reporter aux exercices et remarques présentés ci-dessus.

LES BOUCLES QUI MONTENT, LES BOUCLES QUI DESCENDENT

Tracés continus et rotations

Objectifs

• Produire de gauche à droite en un mouvement continu et en coordonnant au mieux des mouvements de translation et de rotation, des boucles de grandes et petites amplitudes, dans les deux sens de rotation.
• Maîtriser donc le retournement du mouvement rotatif.

1
Perception

MATÉRIEL

Comptine pour introduire le jeu :

Le cerf-volant
file dans le vent.
Rouli, roula,
tourne à l'endroit.
Rouli, roulère,
tourne à l'envers
et tombe par terre.

Situation 1 : Dans la salle de jeu.

1. Se déplacer en mimant la comptine et en la récitant : courir, tourner en avançant dans un sens, tourner en avançant dans l'autre sens, tomber au sol. Faire verbaliser les actions de façon plus précise au moment du regroupement.

➡ *Structurer l'espace en fonction des éléments fixes et mobiles le composant.*

2. Les enfants, munis de leur ruban, lui font faire les déplacements de la comptine :
- sur place
- en se déplaçant.

longs rubans ou extra forts, bandes de papier crépon

3. Partager la classe en deux groupes :
   – l'un recommence le jeu
   – l'autre observe.

À la fin, les observateurs décrivent les mouvements du ruban.

Exemple : il fait un trait couché
il fait des boucles en l'air (en bas)
il fait des boucles en bas (en l'air)
il est par terre.

Faire échanger les rôles et procéder à une nouvelle synthèse des observations.

➡ *Structurer le temps en organisant chronologiquement les actions.*
Pouvoir inverser le mouvement continu :
– du corps qui se déplace
– d'un objet que l'on déplace.
Prendre conscience de la relation qui existe entre les mouvements produits et les dessins réalisés au moyen du ruban.
Pouvoir les décrire en déterminant les formes, les orientations. Prendre ainsi conscience des deux sens de rotation. Se créer des images mentales qui guideront le graphisme.

2
Représentation

Situation 2 : Représentation par le jeu.

bonshommes (duplo, playmobil, lego, etc.)

1. Comme dans la fiche précédente, proposer aux enfants de faire danser leurs bonshommes en récitant la comptine, ainsi qu'ils l'avaient fait en première partie de la situation 1.

2. Reproduire au doigt les mouvements effectués avec les bonshommes.

feuille d'ordinateur, gros feutres

Recommencer en faisant glisser un crayon.
Faire observer les résultats, les décrire, les comparer. →

ou :

➡ *Décomposer et ordonner les mouvements exécutés dans la salle de jeu.*
Pouvoir, en utilisant un petit objet, inverser le sens du mouvement de rotation. Donc développer la motricité fine en faisant travailler et en contrôlant les mouvements des articulations de l'épaule, du coude, du poignet, des doigts dans les 2 sens de rotations.

➡ *Pouvoir reproduire en continu des mouvements de translation et de rotation dans les deux sens. Visualiser un tracé par le mouvement du crayon sur la feuille.*

Situation 3 : Imprégnation de la forme par la construction.

pâte à modeler

À partir d'un colombin, faire des boucles qui montent, qui descendent.

➡ *Prendre conscience, par la manipulation, du changement de sens de rotation et de son incidence sur l'orientation des boucles. Pouvoir produire une forme dont le sens de production contrarie le sens naturel de rotation.*

3
Graphisme

Situation 4 : En classe, face au tableau : mécanisation du tracé.

tableau, craies, chiffons

1. **La forme du tracé.**

• Répartis en groupes de sens dominant identique, entraîner les élèves à produire des boucles dans le sens contraire de leur mouvement naturel.
Pour cela, leur demander de tracer des boucles qui montent (ou descendent) selon leur sens dominant. Puis, leur demander d'inverser le mouvement pour produire des boucles de sens inverse.
Travailler à main guidée si cela est nécessaire.

➡ *Inverser le mouvement de la rotation. Améliorer la coordination de la translation et de la rotation du mouvement.*

• Observer les résultats et partager les élèves en sous groupes selon les altérations du tracé.

a) Pour éviter le chevauchement 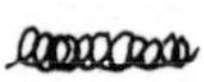 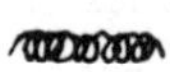 insister sur le déplacement latéral (voir fiche 14).
b) Pour éviter la transformation des boucles en pointes 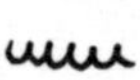 , accentuer les mouvements de rotation (voir fiche 14).

• Pour aider les enfants à guider leur tracé, on proposera des modèles codés. *Exemple* : →

à partir de flèches

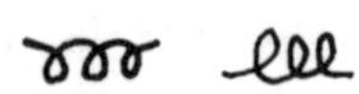

à partir de codes

db

pieds pour : je descends

tête pour: je monte

➡ *Orienter le tracé. Se servir de la maîtrise du tracé dans le sens dominant pour reproduire en symétrie le tracé inverse.*
Décoder un code permettant d'orienter le tracé.

2. **Mécanisation du tracé.**

Lorsque les enfants seront capables de faire des boucles en mouvement continu sans altérations importantes, on leur proposera les exercices d'entraînement développés dans la fiche précédente.

➡ *Mécaniser le tracé, libérer le geste, l'automatiser.*
Pouvoir guider le tracé, respecter une trajectoire en étant capable de détacher le regard du mouvement graphique.

3. **Variétés des tracés.**

Le mouvement dans les deux sens étant maîtrisé on pourra varier l'orientation et l'amplitude des boucles.

exercice 1 : Fais des grandes boucles qui montent.

exercice 2 : Fais des grandes boucles qui descendent.

exercice 3 : Fais des petites boucles qui montent.

exercice 4 : Fais des petites boucles qui descendent.

exercice 5 : Fais des grandes et petites boucles qui montent (qui descendent).

exercice 6 : Fais des boucles qui montent avec des boucles qui descendent.

exercice 7 : Dictée. Un enfant dicte aux autres les formes d'un tracé. Après le jeu, faire comparer les résultats.

➡ *Affiner le tracé. Maîtriser le mouvement au niveau des grandes articulations (épaule, coude, poignet) mais aussi au niveau des doigts.*
Grâce à un meilleur contrôle du fléchissement du pouce, maîtriser, contrôler les ralentissements et les retournements.
Comprendre une consigne et produire le tracé correspondant.

Situation 5 : Exercices d'entraînement individuel.
On n'oubliera pas de donner des modèles codés.

1. **Sur plan vertical.**

Peins des lignes de boucles qui montent, d'une couleur. Entre chacune d'elles, fais une ligne de boucles qui descendent d'une autre couleur. Place 1 point dans chaque boucle avec une 3e couleur.

➡ *Rythmer les lignes de boucles en fonction de leur orientation.*
Donc, après chaque tracé, être capable d'inverser le mouvement.
Orienter selon une trajectoire horizontale les lignes bouclées produites.

2. **Sur plan horizontal.**

a) Tracer des boucles qui montent (ou qui descendent) sur des bandes de papier de plus en plus étroites.

feuilles (20 × 29,5), (10 × 29,5), (5 × 29,5), gros feutres

➡ *Régulariser le graphisme. Adapter le tracé au format de la feuille.*

b) Tracer une ligne horizontale :
– sur la ligne, fais des boucles qui montent
– sous la ligne, fais des boucles qui descendent
– puis décore comme tu veux.

feuille d'ordinateur, gros feutres

➡ *Orienter et suivre la trajectoire du tracé.*

c) Reproduis les modèles proposés sur une ligne :

feuilles d'ordinateur, petits feutres

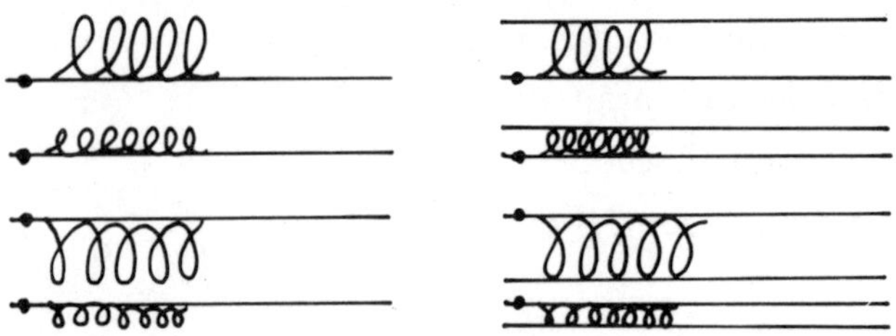

➡ *Respecter l'amplitude, l'orientation, les limites du tracé.*

4

Évaluation

Exercice sur cahier de l'élève *(p. 16).*

petits feutres ou crayons de papier selon le niveau des enfants

Faire observer le dessin. En déduire les consignes. Demander aux enfants, pour chaque exercice, de rappeler les consignes (sens de formation, amplitude, respect des limites) et de tracer la ligne au doigt afin de s'imprégner de l'espace dans lequel se fera le graphisme.
Après une lecture du tracé du cerf-volant bleu, chaque enfant devra prévoir la forme de son tracé et donc penser à l'orientation, l'amplitude, voire le nombre de boucles composant son graphisme.

➡ *Être capable de reproduire un graphisme donné.*
Pouvoir lier de grandes ou de petites boucles quel que soit leur sens de production.

➡ *Maîtriser son geste graphique dans un espace donné.*
L'exécuter dans un mouvement continu.
Respecter une trajectoire.
Pouvoir inverser le mouvement pour produire des boucles de sens contraire.

CONTROLE	AIDE
On observera :	
• le respect du sens de rotation du modèle donné	→ Reprendre, si besoin est, les mouvements au tableau dans le sens de rotation posant problème. Travailler à main guidée, puis avec l'aide d'un enfant tuteur, ayant parfaitement maîtrisé les graphismes et travaillant en même temps que lui.
• la forme du tracé • l'amplitude du tracé • la régularité des boucles	se reporter à la fiche 14

GRAPHISME LIBRE AUTOUR DE LIGNES INDUCTRICES

Divertissement graphique

Objectifs

• Établir un projet graphique en réinvestissant tous les signes étudiés.
• Permettre à l'enfant, par le divertissement graphique, d'atteindre les objectifs que nécessite tout apprentissage de l'écriture, à savoir : reproduire dans un espace donné des signes, les lier, les espacer ; maîtriser les arrêts, les retours en arrière, les départs ; orienter le graphisme.

1
Perception

MATÉRIEL

Comptine pour introduire le jeu :

Je connais
le secret
de la fée
araignée.

À Vincennes,
elle s'endort,
les mains pleines
de fils d'or.

Toute la nuit,
elle s'affaire
de Paris
à Nanterre.

Au réveil
quelle merveille !
son foyer
est brodé.

Situation 1 : Dans la salle de jeu : La toile d'araignée.

Matériel : enfants répartis en groupes de 5 à 6, 1 corde par enfant

1. Rassembler les 5 ou 6 cordes de chaque groupe en nouant l'une de leurs extrémités.

• Répartir les enfants en groupe et leur demander de tenir chacun une corde par un bout.
• Leur demander alors de rechercher tout ce qu'il est possible de faire ainsi :

– tourner sur place

– tourner en devant, en derrière, par-dessus ou sous la corde de celui qui est à côté

– « tisser » sa corde en croisant celles des autres qui ne bougent pas, etc.

Après un bilan collectif où chaque groupe expliquera au mieux ce qui a été fait, on pourra reproduire les propositions des uns et des autres.

➡ *Structurer l'espace en fonction des repères fixes de la salle et des éléments mobiles qui le composent (cordes nouées, enfants du groupe, des autres groupes). Comprendre et utiliser des prépositions sur, sous, au-dessus, par-dessus, au-dessous, par-dessous, devant, derrière, au milieu, entre, à côté... Structurer le temps en coordonnant les actions et leur ordre en fonction des autres enfants : avant, après, en même temps... Développer la motricité globale, la tonicité, la créativité. Mieux percevoir son corps, ses actions dans un espace dont la construction sera reproduite et aménagée.*

2. Toujours répartis en groupes de 5 à 6, les enfants doivent à présent rechercher toutes les façons de jouer avec les cordes nouées en étoile et posées au sol :

- sauter, marcher, courir...
- debout, à 4 pattes...
- sur, au-dessus, entre...

idem

Après un bilan des réponses trouvées, procéder à une phase d'imitation.

➡ *Affiner sa perception de la structure en éléments statiques. Privilégier la connaissance de la forme, des composants (cordes), de leur orientation. Créer des images mentales qui seront réinvesties dans le graphisme.*

2

Représentation

Situation 2 : Représentation-construction.

6 pailles, pâte à modeler (ou à sel), grosse laine

1. **Représentation du « foyer brodé » de l'araignée en 3 dimensions.**

Donner à chaque enfant 6 pailles et une boule de pâte à modeler. Leur demander de représenter la toile d'araignée, en toit de maison (pour qu'elle puisse venir s'y cacher) en plantant les pailles dans la pâte.

Puis leur proposer de tisser la toile en faisant passer la laine sur et sous les pailles.

Faire décorer la maison en collant différents éléments colorés sur la construction.

papier crépon, tissus, plumes...

➡ *Par tâtonnement résoudre les problèmes d'équilibre en répartissant les pailles, en comparant leur longueur...*
Pour cela, coordonner l'action complémentaire des mains. Lors du tissage, contrôler la motricité fine.
Se rendre compte des différentes possibilités de tissage : avec ou sans rythme.
Organiser l'espace en fonction des différentes possibilités d'action.

■

2. **Représentation du « foyer brodé » en 2 dimensions.**

feuille cartonnée, 6 bandes de papier, 1 boule de papier froissé, des allumettes, des bouts de ficelle, des gommettes

Demander aux enfants de coller la boule de papier froissé au centre de la feuille.

Tout autour faire coller les bandes de papier. →

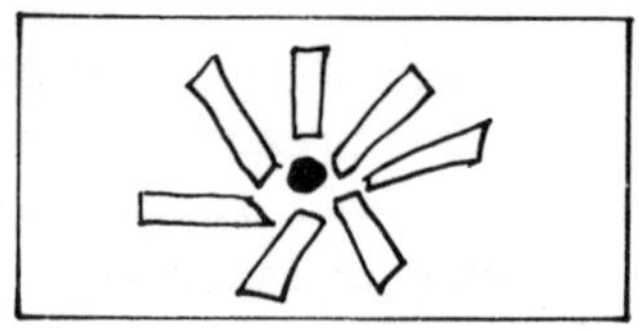

➡ *Par la manipulation prendre conscience que les mêmes organisations spatiales sont impossibles à réaliser en 3 et 2 dimensions et trouver par tâtonnement celles qui donnent une image représentative de l'autre. Exemple :*

Puis laisser les enfants décorer « comme ils veulent » leur toile d'araignée.

À la fin de l'exercice comparer les différentes réalisations en faisant le bilan :
- des éléments utilisés pour le collage
- des organisations spatiales (sur, entre les bandes, autour de la toile, décorations par rayonnement, circulaires).

➡ *Rechercher l'organisation la plus esthétique possible donc harmoniser les formes, les couleurs des éléments utilisés, mais aménager l'espace en fonction de règles que chacun se fixe.*
Par l'observation, la comparaison, retrouver et verbaliser les règles de collage utilisées ; enrichir ses possibilités esthétiques et graphiques en les confrontant à celles des autres.

Exemples→

~ → laine
o → gommettes
/ → allumettes

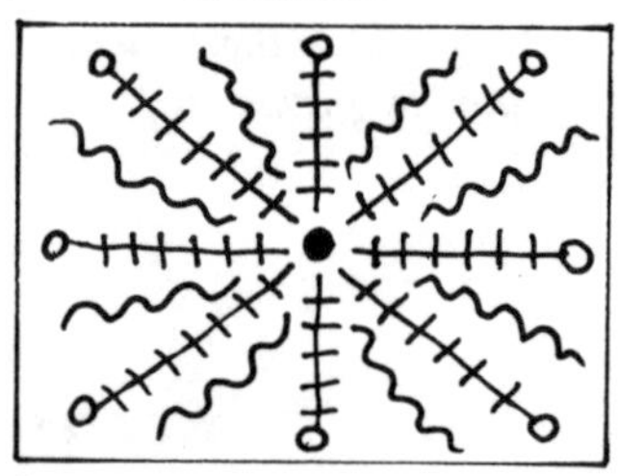

ℓ → laine
o → gommettes
— → allumettes

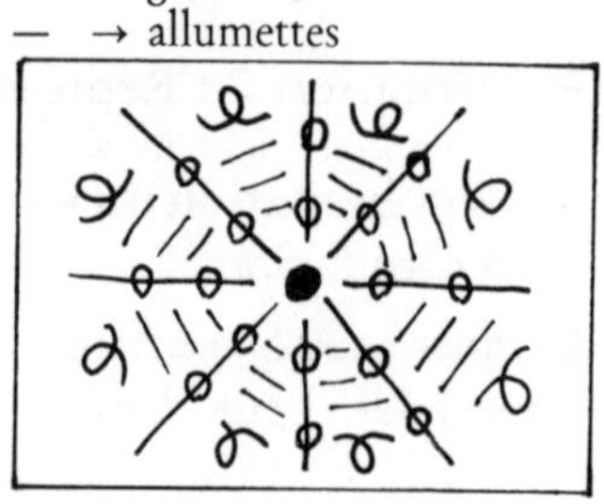

3
Graphisme

Situation 3 : Le projet graphique.

Comme nous l'avons fait dans la fiche 12, nous proposons aux élèves d'établir un projet de divertissement graphique à partir d'une autre organisation spatiale. Dans la fiche 12, il s'agissait de « paver » les différents espaces composant le dessin. Ici, il s'agira d'organiser le graphisme en fonction de lignes inductrices.
On passera donc par les mêmes étapes que nous proposions.

1re étape : Récapitulation collective.

grandes feuilles, gros feutres

1. Faire observer la page de l'exercice sur le cahier *(p. 17)* pour relever les différents composants du dessin et les coder :
– les éléments décoratifs
– ceux où l'enfant doit travailler
point jaune
6 rayons jaunes

➡ *Apprendre à organiser son travail donc à le structurer dans l'espace et le temps.*

2. Rappeler collectivement tous les graphismes connus en faisant, si besoin est, référence au fichier de graphisme, au cahier...
Pour mémoire, on les reportera sur une grande feuille :

➡ *Comprendre et utiliser les listes codées.*
Aborder l'écrit, la lecture comme outil permettant de mémoriser des faits, des lieux, des signes.
Savoir le décoder donc s'y référer.
Établir un bilan de ce que l'on sait. Se projeter dans le passé. Faire appel à sa mémoire.

3. Puis on recherchera le moyen d'enrichir chacun des tracés en les composant avec d'autres. *Exemple* :

➡ *Développer la créativité par l'association de signes graphiques différemment associés et orientés dans l'espace.*

4. En se référant aux collages de la précédente situation, on rappellera quelles organisations spatiales ont été utilisées. On recherchera comment adapter les graphismes.

2e étape : Le projet graphique.

feuille codée, petits feutres

Par groupe, mais en travail individuel, les enfants construiront leur projet graphique en faisant, au besoin, référence aux panneaux récapitulatifs construits collectivement.

➡ *Réinvestir pour son propre compte les données dégagées en exercice collectif.*

Ils noteront les graphismes qu'ils se proposent de reproduire sur une feuille en fonction de codes choisis collectivement. *Exemple* :

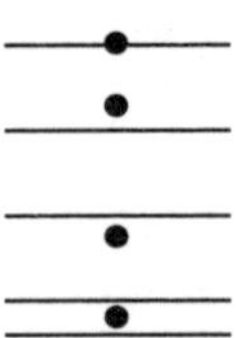

sur la ligne
au-dessus
au-dessous
entre deux lignes

➡ *Structurer l'espace à décorer et trouver des graphismes en continu, en discontinu, en décorant harmonieusement.*
Se construire des modèles, donc construire, mémoriser et préparer les mouvements graphiques.

Dans la mesure du possible, on fera verbaliser chaque projet de façon à vérifier la bonne compréhension des codes et à faire mémoriser les projets.
On stimulera la recherche en encourageant les compositions originales et en faisant enrichir les propositions qui sembleraient trop pauvres.

3e étape : Production graphique.

projet individuel, feutres fins

Les enfants exécutent leur projet en tenant compte de leurs prévisions et des modèles qu'ils se sont créés. Cependant on acceptera les modifications par transformation ou enrichissement dans la mesure où elles seront faites consciemment pour répondre à un besoin ou résoudre un problème.

➡ *Reproduire régulièrement les modèles prévus dans le projet.*
Respecter les espaces, les orientations des lignes inductrices.
Adapter, apporter des modifications au projet en fonction des besoins.

CONTROLE

• Nous ne proposerons pas, comme dans les fiches de divertissement graphique, des exercices de soutien.
Toute réalisation, jugée peu satisfaisante, pourra être enrichie par adjonction de signes supplémentaires. Pour cela l'enfant puisera, dans les réalisations de ses camarades ou dans le fichier, des modèles, des idées qu'il adaptera à ses propres réalisations.

• On observera :
– le respect du projet de chacun ou les modifications, afin d'en analyser les raisons graphiques ;
– la régularité dans la production d'un même signe ou au contraire sa transformation par lassitude ou manque de maîtrise graphique ;
– la petitesse, la finesse des signes témoignant d'un bon contrôle du fléchissement du pouce ;
– la richesse des signes graphiques : leur variété
leur composition
leur mouvement en continu ou discontinu
leur rythme
– l'aménagement de l'espace graphique : les lignes
les intervalles
l'espace extérieur...

RYTHME DE BOUCLES ET ÉCRITURE DE « le bébé »

Tracés continus, discontinus et rotations

Objectifs

• Écrire de gauche à droite, en respectant le sens de formation des lettres, les lettres : le bébé
• Pour cela : – reproduire les modèles graphiques
– lier deux à deux les lettres d'un même mot
– espacer les mots
– respecter les limites de l'espace, suivre une trajectoire horizontale.

1
Perception

Comptine pour introduire le jeu :

Mon bébé adoré,
mon trésor tout bouclé,
ferme tes yeux, mon bonheur,
endors-toi sur mon cœur.

Situation 1 : Dans la salle de jeu.

Organiser des courses relais sur des parcours construits à l'aide de bâtons et petits anneaux. Répartis en groupes de 5 à 6 joueurs, les enfants doivent, le plus rapidement possible, aller d'un bout à l'autre du parcours, en tournant autour de chacun des obstacles, avant de passer (sans s'arrêter) au suivant.
Les obstacles seront répartis en rythme sur une ligne.
Avant chaque course, on fera rappeler les consignes et décrire le parcours à traverser pour en dégager les règles de construction.
Pour les garder en mémoire, on pourra les faire coder sur de grandes feuilles, en traçant un trait pour chaque bâton et un rond pour chaque anneau.

MATÉRIEL

une dizaine de bâtons par équipe, une dizaine d'anneaux

des feuilles d'ordinateur, des gros feutres

➡ *Structurer l'espace en fonction des repères fixes de son parcours, de celui des autres : comprendre et utiliser les prépositions : autour, entre, à côté, au-dessus, au-dessous...*
Structurer le temps, respecter l'ordre de passage du relais, le rythme, l'alternance des éléments du parcours. Faire vite, lentement...
Socialisation : accepter de faire avec les autres, de coordonner les efforts. Accepter l'échec, surtout quand un ou plusieurs éléments de l'équipe n'ont pas été performants.
Comprendre, construire, décoder un message.

exemples de parcours :

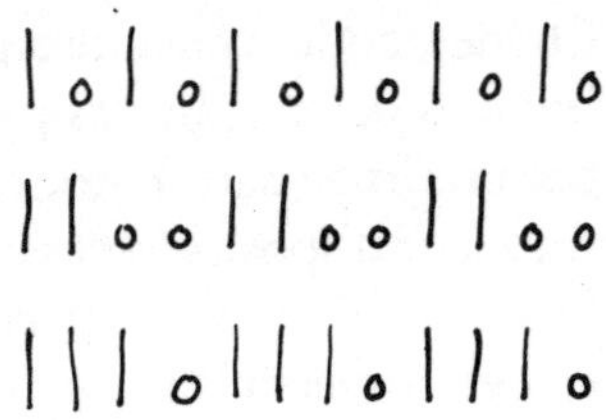

2

Représentation

Situation 2 : En classe, au tableau.

tableau, craies, chiffons

Reproduire les parcours (un à un) au tableau. Demander aux enfants ce que représente chaque codage. Rappeler les consignes de jeu de la situation 1.

➡ *Observer le rythme, en déduire l'algorithme, vérifier ses hypothèses en appliquant la règle jusqu'au bout de la ligne.*

Leur faire tracer au doigt le parcours et vérifier ainsi la bonne application des consignes, puis recommencer en traçant le chemin à la craie :

Exemples de représentation →

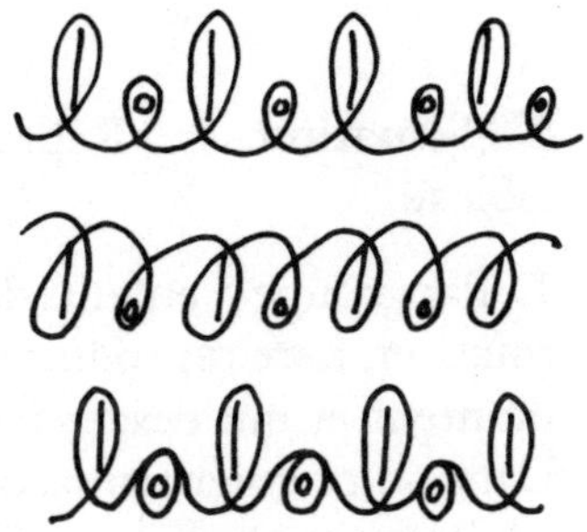

➡ *Coordonner des mouvements de rotation et de translation pour traverser les obstacles du parcours sans s'arrêter.*
Prendre conscience de la forme, du mouvement, par l'observation du tracé.
Pouvoir le décomposer en utilisant les propositions : au-dessus, au-dessous, autour, en haut, en bas.

On observera et comparera les graphismes obtenus et on établira éventuellement un classement des réalisations en fonction de l'orientation et des retournements des boucles.

➡ *Rechercher, par l'observation, les propriétés identiques à certains tracés pour en permettre le classement.*

Pour cela le maître reproduira sur de grandes feuilles les tracés faits par les élèves. →

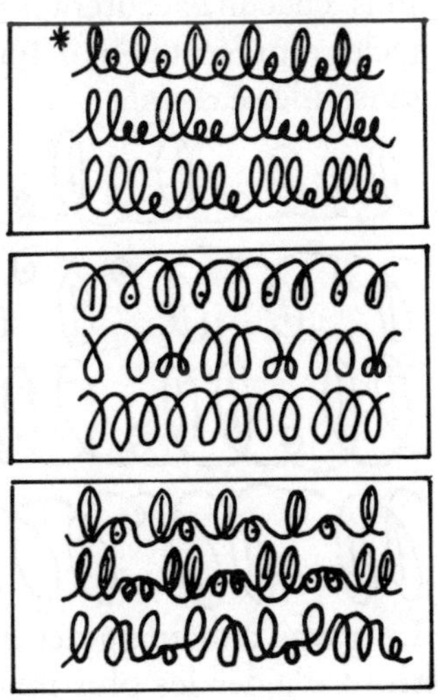

Situation 3 : Reproduction par modelage.

On demandera ensuite aux enfants de reproduire les boucles de chacun des panneaux à l'aide d'un long colombin de pâte à modeler. Pour les aider, on mettra à leur disposition des bâtonnets et des petites boules de cotillon ou des perles, qu'ils placeront devant eux en respectant le rythme de la ligne à reproduire. Enfin la verbalisation les aidera à orienter leurs boucles.
Exemple : Je passe sous le bâton je monte je fais le tour du bâton puis je passe sous la boule j'en fais le tour...

allumettes, boules de cotillon ou perles, pâte à modeler

➡ *Par le modelage, rechercher à reproduire les réalisations des autres. Pouvoir effectuer des retournements, des changements d'orientation. Aménager l'espace selon d'autres critères que les siens. Utiliser les prépositions de lieu utilisées sur plan vertical et les adapter à la situation horizontale de la table de travail.*

3
Graphisme

Situation 4 : Représentation graphique au tableau.

1. Par groupe d'enfants de même sens dominant de rotation, faire reproduire des lignes de boucles qui montent et qui descendent.
Dans un premier temps on fera observer le modèle adulte pour en déduire l'algorithme à reproduire. Puis, chacun exécutera son tracé en s'aidant des obstacles représentés en début de ligne et en terminant sans aide. *Exemple* :

tableau, chiffons, craies

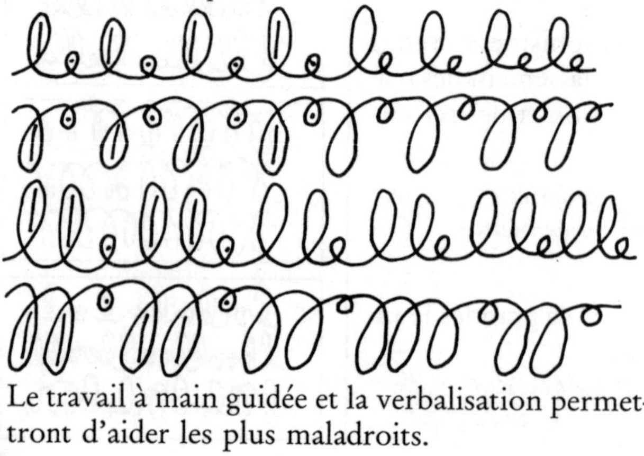

Le travail à main guidée et la verbalisation permettront d'aider les plus maladroits.

➡ *Reproduire de gauche à droite en mouvement continu, des boucles de petite et grande amplitudes.*
Respecter le rythme du modèle et pouvoir le garder jusqu'à la fin de l'exercice sans l'aide d'obstacles.
Respecter la trajectoire horizontale.
Maîtriser les retournements d'un tracé à l'autre.

2. On pourra ensuite proposer aux enfants d'inventer des rythmes que leurs camarades reproduiront.

➡ *Créer sa propre règle algorithmique en jouant sur les orientations, les dimensions, les quantités des éléments à représenter. Pouvoir les rythmer.*

3. Enfin on proposera des rythmes discontinus préparant à l'écriture de mots.
Comme précédemment les enfants observeront le modèle pour en déduire l'algorithme, donc les formes, leur disposition, leur orientation. *Exemple* :

l l l l l... e e e e e...
b b b b b... le le le le...
be be be...

➡ *Pouvoir interrompre et reprendre un tracé.*
Maîtriser le fléchissement du pouce qui permet les ralentissements, les retournements.
S'entraîner à reproduire des signes qui aideront à l'écriture de bébé.

Situation 5 : Divertissements graphiques d'entraînement.

Pour permettre aux enfants d'affiner et d'adapter au plan horizontal les perceptions graphiques issues de l'étude de graphismes au tableau, on leur proposera les exercices suivants.

exercice 1 : Fais un soleil bouclé dont chacun des rayons sera différent.

feuille d'ordinateur, gros feutre jaune

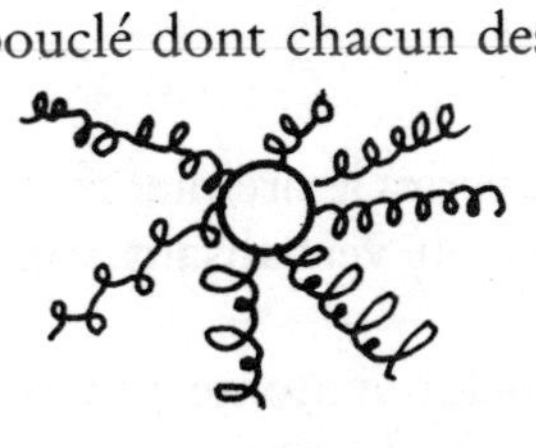

➡ *Différencier le tracé en cycloïdes variant l'amplitude et l'orientation des boucles.*
Suivre une trajectoire.

exercice 2 : Décore la ligne en faisant trois rangées de boucles différentes.

feuille d'ordinateur avec ligne, petits feutres

➡ *Par l'automatisation du geste et la mémorisation du rythme à reproduire, libérer le regard du mouvement graphique pour lui permettre de le diriger en le précédant.*

exercice 3 : Décore la grande boucle avec des boucles détachées puis rajoute les décorations que tu veux. →

feuille d'ordinateur avec une grande boucle, petits feutres

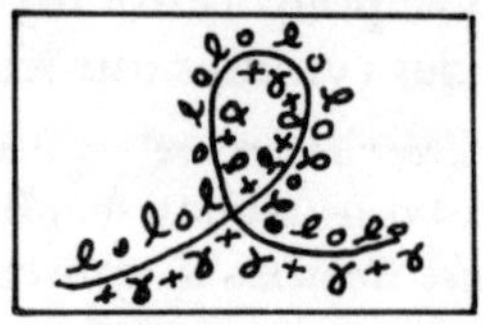

➡ *Affiner le graphisme, la maîtrise des arrêts, des départs, des retournements.*

exercice 4 : Fais un dessin. Ne le colorie pas, décore-le avec les graphismes suivants :

double feuille d'ordinateur, gros feutres

/ l l / b b / e e e /
le le / be be / eb eb...

➡ *Différencier les signes voisins.*
Maîtriser leur graphie par la reproduction.
Structurer l'espace en fonction des éléments qui le composent.

4
Évaluation

Exercice sur cahier de l'élève *(p. 18).*

crayon de papier, gomme

Faire observer le dessin et en déduire les consignes.
L'écriture se fera en présence du maître ou de la maîtresse, face au tableau.
Le maître écrira les deux mots :

le bébé

Les enfants les décriront.
Puis devant les élèves, le maître écrira le premier mot en un mouvement continu et en verbalisant son action.
Exemple : Je fais une grande boucle qui monte, je pars du point, je monte vers la droite (porte ou gommette...), je tourne vers la gauche (fenêtre ou autre gommette...), je croise la ligne, je descends, je remonte pour faire une petite boucle, je monte vers la droite, un petit peu, je tourne vers la gauche, je croise et je remonte pour faire une canne. J'ai fini, je lève mon crayon : *le*
Les enfants écrivent à leur tour, sous la surveillance du maître qui dicte le mouvement.

On comparera les deux tracés :

- *le bébé*
- *le*

pour en déduire ce qu'il convient de faire ensuite. Puis le maître fera placer un point pour indiquer le début de l'écriture du second mot.
Il écrira en un mouvement continu et toujours en verbalisant son action, la première syllabe *bé*.
Après l'écriture par les élèves de cette même syllabe, on observera et comparera les deux tracés :

- *le . bébé*
- *le . bé*

➡ *Écrire de gauche à droite dans un espace limité deux mots :*
– les différencier
– les espacer
– pouvoir lier deux lettres dans un mouvement continu
– savoir à tout moment où l'on en est et ce qui reste à faire

* On ne fera pas faire la petite boucle du *b* de l'écriture cursive. On dira :
« Je fais une grande boucle (en...) quand la boucle est terminée je remonte pour faire une canne et un petit trait couché. Au bout du trait je remonte pour faire une petite boucle qui redescend au même endroit que la grande boucle. Je lève mon crayon et fais un petit trait penché sur la petite boucle. »
Puis on terminera de la même manière l'écriture du mot.
– Lors d'une autre séance avant ou après celle-ci, on fera faire le graphisme du dessin.

➡ *Reproduire en mouvement continu et discontinu les modèles proposés dans un espace donné. Donc les différencier pour en reproduire les particularités.*

petits feutres

■

CONTROLE	AIDE
1. L'écriture	
• On veillera à ce que les enfants respectent l'espace réservé à l'écriture	→ En cas d'impossibilité, proposer une feuille de format ordinateur, par exemple, et donner par la suite d'autres exercices permettant d'affiner et de réduire le graphisme (voir fiches 14 et 15).
• On observera la continuité du mouvement qui lie deux lettres,	→ si un enfant arrête le tracé après chaque lettre, on lui fera observer les cassures qui apparaissent dans l'écriture →  on acceptera cependant l'écriture telle qu'elle est, mais on proposera des rythmes à reproduire en mouvement continu, liant deux signes au tableau à main guidée et sur feuille 
et le respect de la trajectoire horizontale	→ si l'écriture offre des retournements  ou des vagues 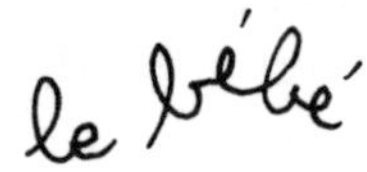 on se reportera aux fiches 14 et 15.
2. Graphisme On observera : • la régularité des graphismes • le respect des modèles • le respect des limites	→ Si les résultats ne paraissent pas satisfaisants, on les comparera avec ceux des exercices précédents et ceux des fiches 14 et 15. On proposera des exercices de discrimination visuelle de signes voisins. Puis on ne fera reproduire que ceux qui posent problème, au tableau, à main guidée, puis avec un enfant tuteur.

RYTHME DE VAGUES, PONTS, POINTES, RONDS. ÉCRITURE DU MOT : papa EN CURSIVE

Tracés continus, discontinus et rotations

Objectifs

• Écrire de gauche à droite en respectant le sens de formation des lettres du mot *papa*.

Pour cela :
- Reproduire des modèles graphiques.
- Lier des mouvements produisant une lettre.
- Suivre une trajectoire, respecter les limites de l'espace.
- Interrompre un tracé, le reprendre plus loin, revenir en arrière pour le raccrocher (*pa* → *p*↙)

1

Perception

MATÉRIEL

Comptine pour introduire le jeu :

Papa câlin,
je me sens bien
quand on se tient,
main dans la main

Je reste là
auprès de toi,
tu es mon roi
en chocolat.

Situation 1 : Dans la salle de jeu.

Organiser des courses relais sur des parcours construits à l'aide de bancs et de cerceaux. Répartis en groupes de 5 à 6 joueurs, les enfants doivent, le plus rapidement possible, aller d'un bout à l'autre du parcours en passant par tous les obstacles et en faisant un slalom entre les cerceaux. Pour passer des bancs aux cerceaux, ils doivent s'arrêter et taper 3 fois dans les mains.

Les obstacles seront répartis en rythme sur une ligne et seront décrits.

Matériel : 10 bancs et 10 palets par équipe

Exemples de parcours

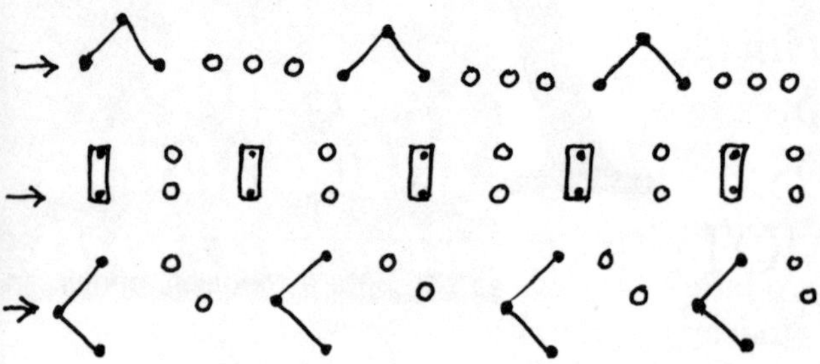

➡ *Structurer l'espace en fonction des repères fixes de son parcours, de celui des autres. Comprendre et utiliser les prépositions : à côté, entre, au milieu, devant, derrière. Approche de la notion droite, gauche. Structurer le temps, respecter l'ordre de passage du relais, le rythme, l'alternance, faire vite, lentement, s'arrêter, compter jusqu'à 3. Socialisation : accepter de faire avec les autres, de coordonner les efforts. Accepter l'échec. Prendre conscience de la forme du mouvement par l'observation du tracé.*

Après chaque passage, on fera matérialiser le chemin parcouru en le traçant à la craie puis on le reproduira sur une grande feuille couchée au sol à côté du parcours correspondant.

grands rouleaux de papier, gros feutres

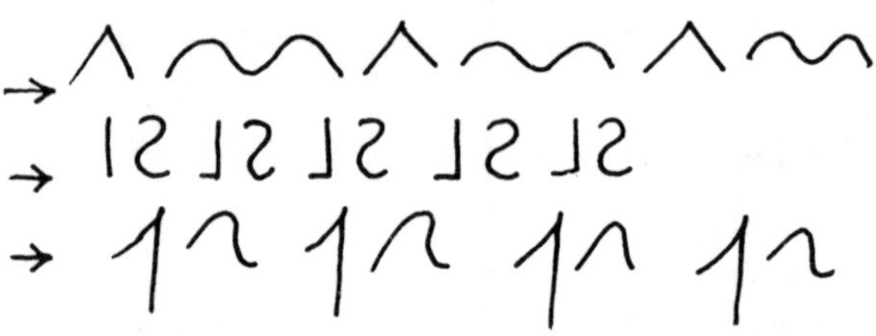

Situation 2 : En classe ou dans le couloir.

Par groupe, on observera la forme des tracés, feuilles posées au sol, puis feuilles punaisées au mur. Au sol, on recherchera les emplacements des palets et cerceaux et on les représentera. En plan vertical, on reproduira le parcours au doigt en verbalisant les actions.

les feuilles des tracés, gros feutres

➡ *S'imprégner des formes sur plan horizontal et vertical. Adapter le vocabulaire aux deux positions de la feuille droite/gauche devenant de haut en bas... Reproduire en suivant le tracé un mouvement rythmé qui sera reproduit en graphisme. Donc, apprendre à structurer l'espace tout en coordonnant les articulations des bras dans des mouvements de translations horizontales et verticales.*

2

Représentation

Situation 3 : Représentation par modelage.

Demander aux enfants de reproduire les tracés à partir de colombins de pâte à modeler. Des perles et des anneaux (de rideaux, par exemple) matérialiseront les obstacles.
On fera observer les résultats à l'intérieur de chaque groupe en réutilisant les prépositions de lieu et en simplifiant ensuite la forme des graphismes.

pâte à modeler, perles, anneaux

Exemple pour : 

On dira 1 chapeau pointu, une vague à 2 bosses, 1 chapeau pointu, 1 vague à 2 bosses.

➡ *Par le modelage, s'imprégner des formes et du rythme composant un tracé.*
Pouvoir le reproduire en respectant les formes, leur quantité, leur orientation, leur amplitude.

Situation 4 : Représentation par collage d'éléments divers.

Proposer ensuite aux enfants d'inventer par groupe de 2 des parcours faits de pointes, de vagues et de ronds en collant des bâtons d'allumettes, des cure-pipes et des joints de plombier et en respectant un rythme.
Faire observer les résultats et les classer en deux groupes : ceux qui respectent une règle algorithmique et ceux qui n'ont pas de règle.

allumettes, cure-pipes, joints de plombier ou petits anneaux, feuilles bristol

➡ *Créer un tracé en associant 3 formes*  *, respectant un rythme. Donc, à deux, se concerter pour créer une règle algorithmique et la respecter tout au long du collage.*

3

Graphisme

Situation 5 : Représentation graphique au tableau.

1. Faire observer le modèle tracé par le maître. En déduire les formes et leur rythme.

tableau, chiffons, craies

Les modèles proposés seront des suites de graphismes interrompus, leur liaison exigerait une maîtrise graphique trop importante et inutile à ce stade de l'évolution des enfants.
Chacun exécutera son tracé, en s'aidant des obstacles représentés en début d'exercice et en terminant sans leur aide.

➡ *Observer les modèles, émettre des hypothèses sur leurs algorithmes et les vérifier en appliquant la règle jusqu'au bout de l'exercice.*

Exemples :

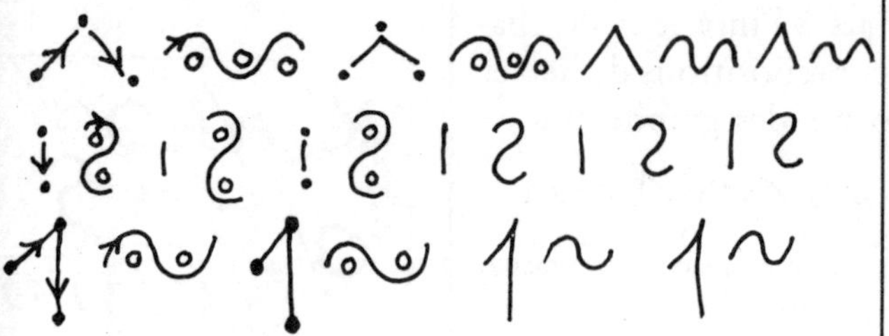

On insistera sur le sens des tracés et, au besoin, on donnera des modèles fléchés.

➡ *Reproduire les modèles en respectant le sens des tracés, l'orientation et le rythme.*
Comprendre le codage fléché et savoir s'y référer, si l'on a un doute sur le sens du tracé.
Par l'entraînement, maîtriser la reproduction, affirmer davantage le tracé et en réduire les dimensions.

2. On proposera ensuite d'autres graphismes à reproduire en liant deux signes dans un mouvement continu. *Exemples* :

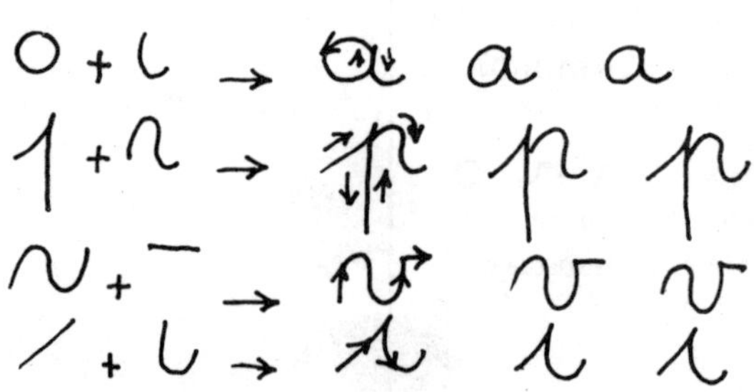

➡ *Respecter le sens de formation et la liaison de 2 signes distincts.*
S'entraîner à reproduire les lettres de l'écriture de papa.

On veillera au respect du sens du tracé et à sa continuité.
Comme précédemment, on pourra travailler à main guidée puis en faisant accompagner un enfant maladroit par un enfant tuteur qui travaillera en même temps que lui.

Situation 6 : Divertissement graphique d'entraînement.

Pour permettre aux enfants d'affiner et d'adapter au plan horizontal les graphismes étudiés précédemment, on leur proposera les exercices suivants, en ayant soin de les décomposer devant eux et de les coder pour qu'ils puissent s'y référer.

exercice 1 : « Tableau moderne ».
Reproduis plusieurs fois en respectant le sens du graphisme les signes : ∧ S O
Choisis pour chaque signe une couleur de craie.
Peins la feuille de plusieurs touches d'encre de couleur (l'encre glisse sur la craie). *Exemple* : →

craies grasses, encre de couleur, feuille (34 × 49,9), brosses plates

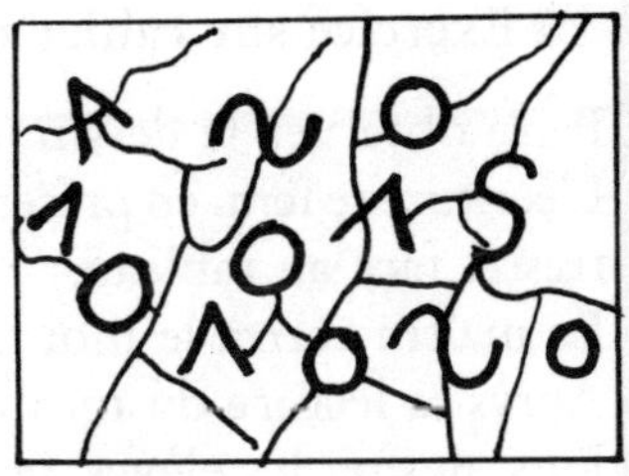

➡ *Reproduire sur plan horizontal les graphismes étudiés au tableau.*
S'entraîner à les reproduire sur des formats plus petits, maîtriser, donc, l'amplitude du mouvement.
L'affiner en reportant les mouvements du bras vers les doigts.

exercice 2 : Trace trois lignes horizontales.
Remplis le premier espace en faisant plein de a

Colorie de taches de couleurs le suivant.
Dans le 3ᵉ, reproduis plusieurs fois le signe 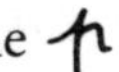 .
Dans le 4ᵉ, colorie en faisant des taches de couleurs. →

feuille d'ordinateur, gros feutres

➡ *Par l'automatisation du geste, libérer le regard du mouvement graphique pour lui permettre de le précéder et le guider pour :*
– paver une surface,
– suivre une trajectoire.

exercice 3 : Dessine un collier dont les perles pourraient être

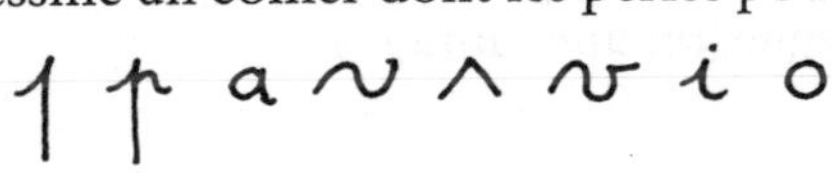

feuille d'ordinateur, gros feutres

Choisis trois sortes de perles et choisis une règle pour les enfiler. *Exemple* :

exercice 4 : Dessine, en les accrochant, le plus de signes possible, en utilisant des ronds, des pointes, des vagues. *Exemple* :

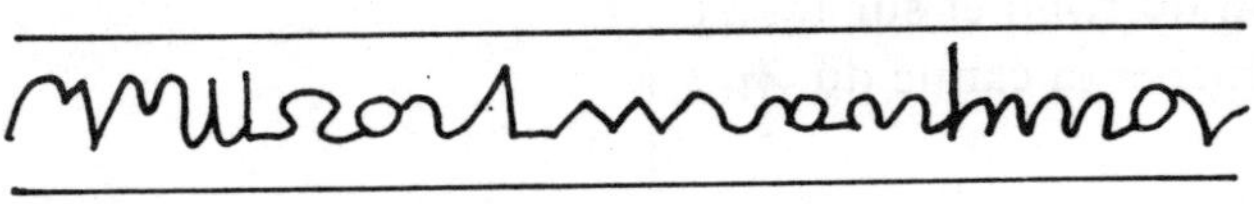

➡ *Par l'observation et la comparaison, se rendre compte des formes différentes que peut prendre l'association de signes identiques.*
Préparer ainsi à la lecture et l'écriture de signes identiques dont l'ordre, le rythme qui donneront un sens au message.

4
Évaluation

Exercice sur cahier de l'élève *(p. 19).*

Faire observer le dessin, en déduire les consignes.
L'écriture se fera, en présence du maître ou de la maîtresse, face au tableau.
Le maître écrira le mot : ***papa*** .
Après la lecture du mot, on observera sa graphie.
Puis, devant les élèves, le maître écrira la première lettre en verbalisant son action.

➡ *Par l'observation, remarquer le rythme de l'écriture du mot* papa.
On pourra faire la correspondance entre le rythme des graphies et des sons (syllabes pa-pa).

Exemple :

– Je pars du point, je fais un petit trait droit et penché qui monte ;

– sans m'arrêter, je fais un trait droit qui descend plus bas que le point ; 

– je remonte sur le même trait jusqu'en haut ; 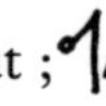

– en haut, je fais un pont qui descend jusqu'au point et qui remonte pour faire une vague (ou une canne). »

Puis les enfants reproduiront leur lettre à partir du point, sous la surveillance du maître qui dicte le mouvement.
On fera comparer avant de continuer les deux tracés papa afin que les élèves

en déduisent ce qu'il convient de faire.
Le maître continuera alors en traçant le . Il insistera sur le sens de formation du rond et sur le fait qu'en tournant il doit raccrocher la canne du 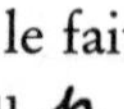 .

crayons de papier

➡ *Écrire de gauche à droite en tenant correctement son crayon, en formant ses lettres dans le bon sens, en respectant l'espace réservé à l'écriture et en suivant une trajectoire horizontale.*
Savoir à tout moment, par une observation fine, où en est le travail d'écriture et ce qui reste à faire.

– Lors d'une autre séance, on fera compléter le graphisme du dessin en insistant sur le sens de formation des graphies p , a et v et en codant le tracé pour guider les élèves travaillant en ateliers autonomes.

➡ *Reproduire de façon autonome les lettres p , a et v ; en respecter le sens et pouvoir, en cas de problème, prendre en charge ses difficultés et les résoudre en décodant le sens du tracé.*

petits feutres

CONTROLE	AIDE
1. **L'écriture du mot**	
• On veillera à ce que les enfants respectent l'espace réservé à l'écriture	→ En cas d'impossibilité par manque de contrôle des articulations fines des doigts, on continuera sur des feuilles de grand format. Puis on proposera davantage de jeu de doigts, de travaux encourageant la motricité fine (enfilage de perles, collage de graines). Enfin, on proposera d'autres exercices d'entraînement sur de grands formats puis sur des formats de plus en plus petits, et ceci progressivement.
• On veillera également à ce que l'écriture se fasse en un seul mouvement pour chacune des lettres p et a	→ Si un enfant arrête le tracé 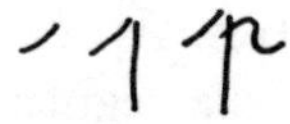 on lui fera observer les ruptures du mouvement sur le graphisme pour qu'il accepte de prendre en charge sa correction. Puis on le fera travailler à main guidée au tableau, puis seul sur feuille.

CONTROLE	AIDE
• On observera le respect de la trajectoire	→ Si l'écriture présente de trop grandes variations : 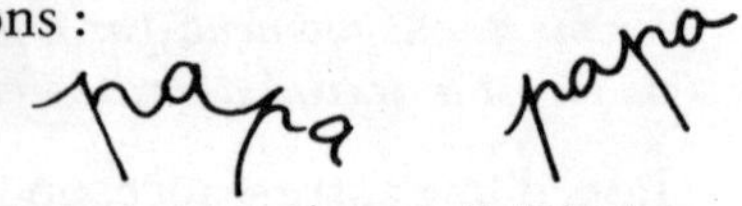 On recommencera ce travail d'écriture au tableau en veillant à fournir le plus de repères dordre spatial possible. On écrira avant et en même temps que l'enfant, qui calquera son écriture sur celle du modèle adulte. Ceci suppose bien sûr qu'il soit capable de libérer le regard du mouvement. Dans le cas contraire, avant de reprendre l'écriture, on proposera d'autres exercices d'entraînement.
• On observera la régularité du tracé	→ Si les lettres ont des dimensions variables et disproportionnées : 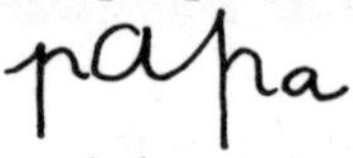 On contrôlera le bon contrôle de l'écriture de chaque lettre en petites et grandes dimensions, puis on recommencera l'exercice en attirant l'attention de l'enfant sur des repères spatiaux et des comparaisons de dimensions. *Exemple* : le a est petit ; il ne dépasse pas en haut et en bas la vague du p .
2. **Graphisme : écriture de lettres** Avant l'exercice, on contrôlera individuellement le sens de formation des lettres. Après, on observera : – la régularité des graphismes – le respect des modèles – le respect des limites	→ Si les résultats ne semblent pas satisfaisants, on les comparera à ceux des exercices précédents. S'ils étaient satisfaisants, on fera recommencer le travail en exigeant plus de maîtrise et de soin, quitte à réduire le nombre des tracés. S'ils étaient trop imparfaits, on recommencera à main guidée en favorisant l'amplitude du mouvement, on reproposera des exercices en lignes continues de 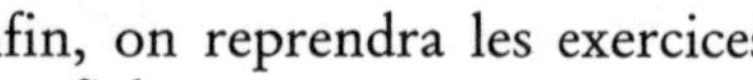 ..., puis on introduira des rythmes, des variantes de ces tracés Enfin, on reprendra les exercices de cette fiche.

DANS UN ESPACE AMÉNAGÉ

Divertissement graphique

Objectifs

• Réinvestir la connaissance et la maîtrise des tracés étudiés pour se créer d'autres graphismes.
• Développer ainsi la créativité et apprendre à la structurer en fonction des formes et des espaces rencontrés. Par l'observation d'œuvres artistiques, percevoir et oser des graphismes fantaisistes, non répertoriés.
• Favoriser ainsi l'épanouissement de soi par une meilleure prise de conscience des possibilités motrices dans un espace aménagé et par le plaisir que procure leur découverte.

1
Perception

Comptine pour introduire l'activité :

Où vas-tu Pierrot ?
– Je vais à Puteaux
vendre les tableaux
du grand Picasso.

Situation 1 : Lecture d'images.

Les enfants se sont jusqu'à présent entraînés à reproduire l'ensemble des signes qui constituent notre écriture. Ils ont été amenés à mieux les maîtriser en les réinvestissant ou les créant dans des exercices de divertissement graphique, ou en reproduisant les modèles d'exercices dirigés.

Pour enrichir leur production et développer leur créativité, il serait bon de leur faire observer des reproductions de tableaux où ils pourraient puiser des idées de graphismes et d'organisations spatiales.

Pour que les enfants soient en mesure de les réinvestir dans leurs propres productions, on leur proposera des artistes modernes dont le graphisme pourra être facilement reproduit par l'enfant de fin de moyenne section.

➡ *Apprendre à observer une œuvre dans son ensemble, puis en détaillant chaque élément pour en comprendre la construction.*
Localiser verbalement l'élément faisant l'objet d'une description. Donc, affiner son observation en faisant référence aux prépositions d'ordre spatial, aux formes, aux couleurs.
Créer, par l'analyse minutieuse, des images mentales, qui, adaptées à d'autres situations, développeront la créativité de chacun.

reproductions de tableaux modernes

Parmi les peintres connus, on pourra citer : Paul Klee ou Wassily Kandinsky. Il y en a d'autres, plus ou moins connus.
Pour aider le maître ou la maîtresse à choisir, dans sa propre documentation, les reproductions qui conviendraient le mieux, nous citerons, à titre d'exemples, quelques tableaux, suivis d'un rapide descriptif.

➡ *Comparer les éléments observés avec ceux qui constituent son patrimoine graphique.*
Être capable de donner ses impressions sur une œuvre, d'exprimer ses sentiments, son avis.

de Paul Klee

1. *Collection de signes.* 1924 (plume et aquarelle). Le tableau présente un ensemble de croix de formes et d'orientations différentes.

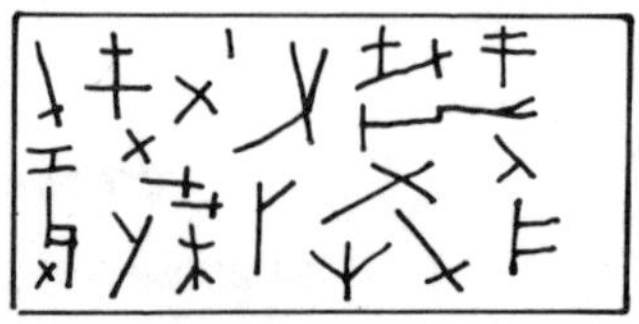

2. *Pastorale. Rythmes.* 1927 (huile sur toile et carton). Il s'agit d'une superposition de frises présentant chacune des signes différents : des étoiles, des arbres, des arceaux, des pointes, des croix...

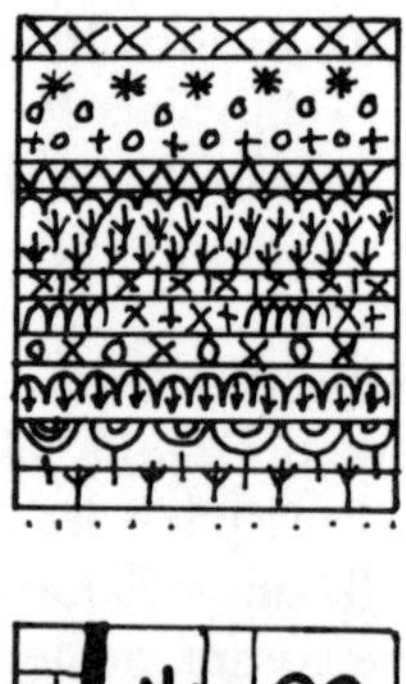

3. *Jardin oriental.* 1937 (pastel sur coton). Des couleurs pastels : bleus, violets, gris, forment un patchwork que des lignes noires animent.

4. *Insula Dulcamara.* 1938 (huile sur papier journal). Sur des tons pastels qui se fondent (vert, bleu, rose), Klee a représenté de grandes arabesques noires.

5. *Composition VIII.* 1923 (huile sur toile).
Sur un fond pastel vert et ocre, des cercles très colorés et bordés de noir croisent des lignes formant parfois des damiers.

de Vassily Kandinsky

6. *Cercles lourds.* 1927 (huile sur toile).
Sur fond noir, des disques comme des planètes se croisent et marient leurs couleurs.

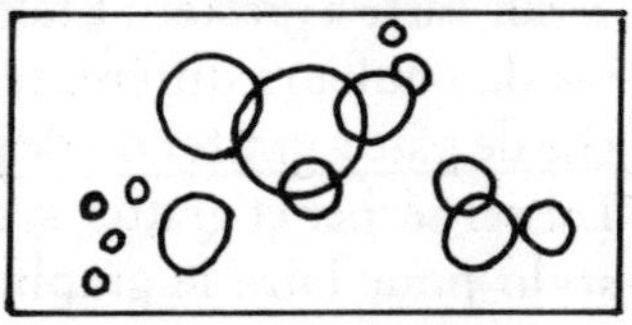

7. *Io Origine.* 1942 (gravure sur bois).
Circonvolutions qui se croisent, formant des régions différemment décorées sur fond noir.

2
Représentation

Situation 2 : Peindre à la manière de...

Après l'observation des reproductions, on pourra proposer aux élèves de faire des tableaux à la manière de tel ou tel artiste.
On variera les techniques, toujours très motivantes, pour les enfants.
Chaque réalisation individuelle ou de groupe sera comparée avec celles des autres enfants. On analysera le soin, l'harmonie des formes, des couleurs, le respect de la consigne, les organisations spatiales utilisées.

➡ *Structurer l'espace en fonction des dimensions de la feuille et des taches coloriant le fond, pour y aménager des tracés.*
Varier les tracés en modifiant leur forme au cours du mouvement, en interrompant le mouvement, en variant les trajectoires, en opérant des retournements.

Exemples de techniques :

• pour obtenir des tons pastels fondus :

encres de couleurs

– on peint la feuille de taches d'encre de couleurs différentes. Puis on passe la feuille sous l'eau. Les couleurs se fondent et s'éclaircissent. Après le séchage, les graphismes se font à la peinture noire ou au gros feutre, ou encore, à la craie grasse ;

craies grasses, white spirit

– après avoir fait le graphisme au gros feutre noir, étaler de la craie grasse sur la feuille en changeant de couleur. Puis passer un chiffon imbibé de white spirit sur toute la surface ;
– mouiller une feuille, la saupoudrer de peinture. Laisser sécher et décorer au gros feutre.

peinture en poudre

• La gravure
– sur carte à gratter : Étaler des taches de craies grasses de couleurs différentes. Passer dessus une couche de pâte à gratter ou de gouache noire très épaisse. Laisser sécher et gratter avec un poinçon ou un vieux stylo pour faire le graphisme ;

bristol, craies, pâte à gratter, poinçons

• sur plaque de plâtre : Faire couler du plâtre dans une boîte. Après séchage, le peindre avec des couleurs vives. Puis faire des graphismes en grattant le plâtre pour en faire réapparaître le blanc.

plâtre, gouache, poinçon

➡ *Par l'observation d'œuvres d'artistes, percevoir la fantaisie que peuvent avoir les tracés et déclencher ainsi la créativité.*
Oser faire des mouvements non codifiés, non répertoriés. En fonction des résultats, prévoir des aménagements pour habiller, harmoniser son travail. Donc, par les exercices, développer la motricité fine, prendre conscience des incidences des mouvements fortuits et volontaires sur le graphisme.
Favoriser ainsi une meilleure perception de soi, de ses possibilités, de ses sens, de sa sensibilité. Donc encourager l'épanouissement par l'affirmation de soi.

Le déroulement

On présentera les techniques utilisées en réalisant devant les enfants un exemple.
Puis on retirera l'exemple afin qu'il ne serve pas de modèle.
Les premiers graphismes se feront librement. Mais on essaiera, dans la mesure du possible, de demander à l'enfant de prévoir son dessin.
Au cours de l'exercice, on lui demandera d'observer sa réalisation (les formes, les dimensions...) et de rechercher les tracés supplémentaires qu'il pourrait ajouter pour équilibrer, harmoniser au mieux sa réalisation.

Situation 3 : Enrichissement graphique.

Après avoir observé les reproductions d'artistes et fait une synthèse des tracés différents et inconnus des enfants, on proposera, parallèlement aux exercices de la situation 2, des exercices de recherche graphique.

Pour cela, on leur proposera de rechercher tout ce qu'il est possible de faire avec un bout de ficelle et 3 bâtonnets.
Chaque signe trouvé sera reproduit par l'enfant sur une feuille d'ordinateur.

ficelle, 3 allumettes, 1 feuille d'ordinateur, gros feutres

➡ *Utiliser le patrimoine graphique développé tout au long de l'année en le réinvestissant dans la reproduction de signes construits à partir de ficelle et de bâtonnets.*

Exemple de signes trouvés par des enfants

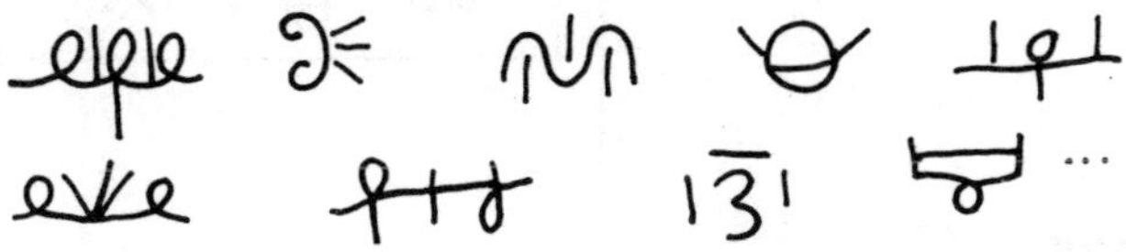

Ensuite, les idées seront rassemblées, les graphismes enrichiront le fichier de la classe et seront reproduits sur un grand panneau d'affichage.

➡ *Enrichir les possibilités graphiques afin de rendre les productions plus variées, plus originales. Favoriser la maîtrise de la motricité fine et de la structuration de l'espace, par le respect des formes, des agencements, des orientations...*

3
Graphisme

Situation 4 : Reproduction des signes trouvés en situation 3.

Avant d'être reproduits, les signes trouvés seront décrits par leurs auteurs.
Des exercices de reproduction en graphisme dirigé permettront aux maîtres d'en contrôler l'exécution tout en aidant les plus maladroits.

exercice 1 : Choisis 4 signes et reproduis-les sur 4 bandes de papier pour faire un cadre à une peinture.

bandes de papier de 10 cm de large, gros feutres

exercice 2 : Imitation de *Pastorale. Rythmes*, de Paul Klee.
Sur une feuille où le maître aura tracé des lignes horizontales, faire décorer les espaces blancs entre deux lignes.

feuille (21 × 29,7), petits feutres

➡ *Comprendre la forme et les étapes d'un graphisme.*
Se l'approprier, le maîtriser, le mémoriser par la reproduction.
L'adapter aux dimensions et aux structures des supports de l'exercice.

exercice 3 : Décore ta feuille comme dans un tableau moderne en traçant quelques signes comme tu veux, où tu veux. Passe 1 fond à la craie grasse, puis dessus un coton imbibé de white spirit.

feuille d'ordinateur, gros feutres, pastel, white spirit

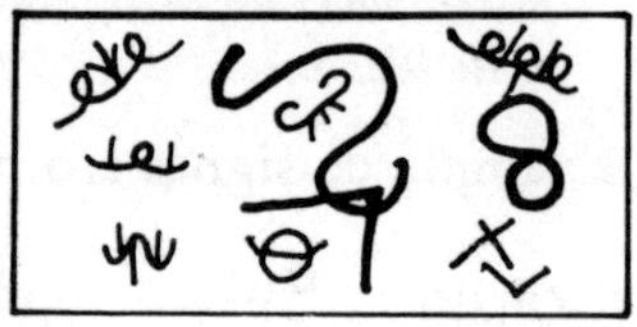

4
Évaluation

Exercice sur cahier de l'élève *(p. 20).*

Comme dans les précédents exercices de divertissements graphiques, chaque enfant établira son projet. Pour l'y aider, on procèdera en 3 étapes.

1re étape collective

Par l'observation de la page de l'exercice, on fera décrire les différentes parties qui composent le dessin :
– l'intérieur de la forme centrale,
– les lignes roses, bleues, vertes et mauves,
et on les codera sur une feuille :

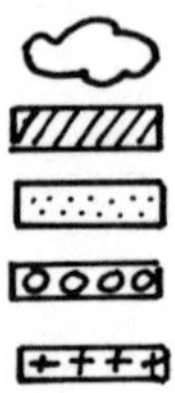

→ forme centrale
→ ligne rose
→ ligne bleue
→ ligne verte
→ ligne mauve

➡ *Apprendre à organiser son travail, à le structurer dans l'espace et le temps.*
Comprendre et utiliser les listes codées. Aborder le codage comme outil de référence permettant de mémoriser des consignes. Préparer ainsi à la bonne compréhension de l'utilisation de l'écrit (lecture et écriture).

Ensuite, on cherchera de quelles façons on pourrait décorer la forme du milieu en faisant référence aux tableaux modernes et aux précédentes productions des enfants.

Puis on essaiera de trouver une façon d'organiser les décorations des espaces colorés. Un rappel des graphismes trouvés avec la ficelle et les allumettes enrichira les idées des uns et des autres. Les possibilités de reproduction en fonction des couleurs ou de toute autre règle algorithmique éveillera peut-être des réponses d'organisation intéressante.

➡ *Rechercher toutes les organisations possibles de l'espace feuille et de l'espace interne à chaque ligne. Créer des règles de reproduction graphique. Pouvoir les confronter aux autres, les enrichir, les améliorer.*

2e étape : le projet graphique

Le projet déterminera les décorations de chacune des lignes de couleur. Chaque enfant en face de son code déterminera le ou les signes graphiques à reproduire. Si deux lignes roses sont décorées différemment, il le notera en rajoutant un code rose correspondant. La décoration de la forme centrale ne sera pas prévue d'avance. Car, en fonction de l'effet que donnera le premier tracé, l'enfant éprouvera le désir de le modifier, d'y associer d'autres éléments qu'il ne pouvait pas prévoir.

➡ *Réinvestir pour son propre compte les données dégagées en étude collective.*
Se construire des modèles, les structurer, les mémoriser, en préparer les gestes graphiques.

3e étape : production graphique

reproduction de tableaux, petit feutre noir

Les enfants décorent sur le cahier leur tableau moderne, en commençant par les bandes horizontales et en terminant par la forme centrale. S'ils éprouvent des difficultés ou s'ils manquent d'inspiration, ils pourront se référer aux exercices précédents ou observer les reproductions que l'on aura accrochées au tableau.

➡ *Reproduire régulièrement les modèles prévus dans le graphisme.*
Adapter, enrichir, modifier une décoration.
En équilibrer les formes, les dimensions.
Respecter les espaces à compléter.
Développer la créativité par l'adaptation d'images mentales ou de tracés fortuits à la nouvelle organisation spatiale.

CONTROLE

Comme dans les autres exercices de divertissements graphiques, nous ne proposerons pas d'exercices de soutien.
Quand cela sera possible, nous ferons apporter par l'enfant, dont la production sera jugée peu satisfaisante, des modifications enrichissantes dont il puisera des idées dans le fichier ou dans les réalisations produites par d'autres.

Cependant, on évaluera :

La forme centrale

- La richesse, l'originalité des productions
- la maîtrise du tracé, sa fermeté
- l'équilibre des formes, des dimensions des tracés
- le respect des limites, la recherche d'une organisation spatiale.

Les lignes de couleurs

- le respect du projet
- le choix de la règle algorithmique s'il y en a une
  sur l'ensemble de l'exercice
  à l'intérieur de chaque ligne.

En cas de non respect, on aidera l'enfant à prendre conscience de ses erreurs :
- le respect des limites des trajectoires
- la composition des signes utilisés
- la régularité du tracé.

ÉCRITURE DU PRÉNOM EN CURSIVE ET GRAPHISME LIBRE

Ecriture et graphisme

Objectifs

- Écrire de gauche à droite en formant ses lettres dans le bon sens, toutes les lettres de son prénom, les lier, en respecter l'ordre.
- Maîtriser ses gestes dans un espace graphique donné.
- Maîtriser les arrêts, les retours en arrière, les départs.
- Respecter une trajectoire horizontale.

1

Perception

Lecture du prénom.

Comptine pour introduire le jeu :

Sur la valse des prénoms
tous mes amis dansent en rond
Laure et Thomas
dansent la polka.
Jean et Charlotte
dansent la gavotte.
Anne et Bruno
dansent le tango.
Lise et Bertrand
dansent le cancan.
Tapez des mains, tapez des pieds,
avancez au pas cadencé.

Situation 1 : Danse dans la salle de jeu.
Sur une musique entraînante, on proposera aux enfants de rechercher tous les mouvements et déplacements qu'il est possible de faire à deux.
Après une phase de recherche et d'initiation des propositions des couples, on structurera une danse commune où les couples exécuteront les mouvements trouvés selon un ordre préétabli.

➡ *Coordonner mouvements et déplacements en tenant compte des repères musicaux et de l'aménagement spatial. Mémoriser, ordonner les mouvements effectués à deux ; les reproduire en même temps que les autres couples ; donc, respecter l'ordre des actions en les faisant correspondre aux changements musicaux.*

Situation 2 : En classe. Lecture.

1. Étude collective

En classe, demander aux enfants de se rappeler du nom de leur partenaire et écrire, en lisant, la liste des couples.

Demander ensuite à chacun de lire son prénom et de le situer sur le panneau. Donner à ceux qui ne l'auraient pas repérée, lors de l'écriture, une carte avec le modèle du mot.

On incitera, chacun, au moment du repérage du mot sur le panneau, à le décrire, à en repérer les particularités, afin d'en favoriser la reconnaissance globale.

➡ *Reconnaître globalement l'écriture de son prénom. Pouvoir par la comparaison y associer des écritures identiques.*
Prendre conscience de la forme du prénom en décrivant les lettres.
Pour cela, faire référence aux graphismes connus, à leur dimension, leur orientation.
Exemple : laure
Une grande boucle qui monte, une canne, un rond avec une canne, deux ponts à l'envers, un créneau, une petite boucle qui monte.

2. Étude individuelle

Des exercices de reconnaissance visuelle, par comparaison et mémorisation, permettront aux enfants d'affiner leur perception graphique du prénom.

exercice 1 : Reconnaître dans une liste de prénoms très différents, le sien, en le comparant avec un modèle. *Exemple* :

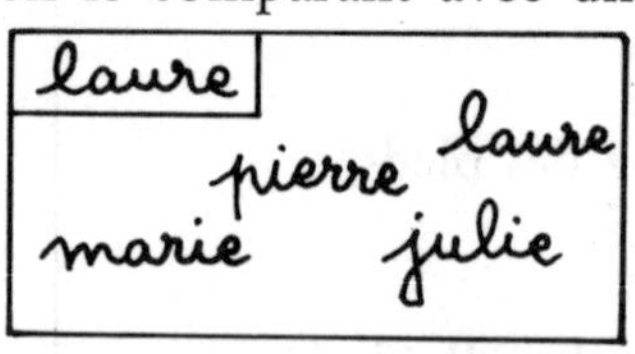

exercice 2 : Même exercice avec des prénoms d'écriture voisine. *Exemple* :

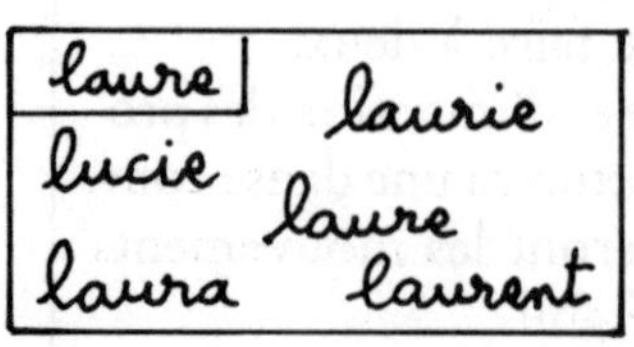

exercice 3 : Sans modèle, barre les mots qui ne sont pas ton prénom.
Exemple :

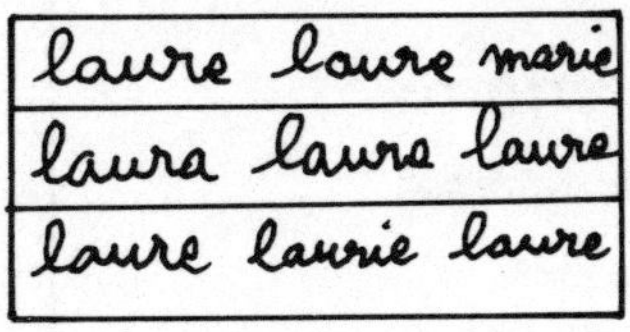

MATÉRIEL

exercice 4 : Entoure, sans modèle, les prénoms qui se lisent...

autres : Compléter des panneaux de présence, de fréquentation d'ateliers, cantine, garderie...

➡ *Affiner la perception visuelle de son prénom en comparant toutes les lettres du modèle avec celles des noms proposés.*
S'imprégner de la composition du mot pour mieux le mémoriser.
Comparer trois écritures de même nature pour en déduire l'intrus. Entraînement à la mémorisation du prénom.
Reconnaître sans modèle l'écriture de son prénom.

2
Représentation

Situation 3 : Représentation par modelage.

On pourra demander aux enfants de reproduire et de lier toutes les lettres de leur prénom, à partir de plusieurs colombins de pâte à modeler et en s'aidant d'une étiquette où est écrit le prénom.
Lorsque les élèves auront reproduit correctement leur prénom, on pourra leur proposer de recommencer, en réduisant les lettres, avec de la terre rouge ou de la pâte à sel. Les réalisations pourront être collées sur des plaques de carton, habillées de toile de jute, feutrine ou polypap et personnaliseront une porte de chambre, par exemple.

➡ *Affiner la perception de la construction et de la liaison des lettres qui composent le prénom.*
Par tâtonnement et comparaison avec le modèle, arriver à respecter les orientations, les dimensions, les formes de chaque élément graphique.

pâte à modeler

étiquette-prénom

terre ou pâte à sel, carton, tissus

3
Graphisme, écriture

Situation 4 : Écriture individuelle

• Il est très important de travailler avec chaque enfant individuellement, pour veiller à la bonne reproduction de chaque prénom. Lorsque l'effectif de la classe est important, on peut choisir des moments particuliers : pendant la sieste, quand les autres dorment encore, pendant un interclasse quand l'enfant est dispensé de cours...
Quoi qu'il en soit, on répartira le travail en autant de séances nécessaires, en attribuant aux autres des activités autonomes.

• Écrire une seule fois avec un enfant permettra d'attirer son attention sur le sens de l'écriture des lettres, mais ne suffira pas à corriger les inversions de leur sens de formation. Au début, on donnera donc un modèle fléché dont l'enfant se servira chaque fois qu'il aura à écrire son prénom.
Exemples :

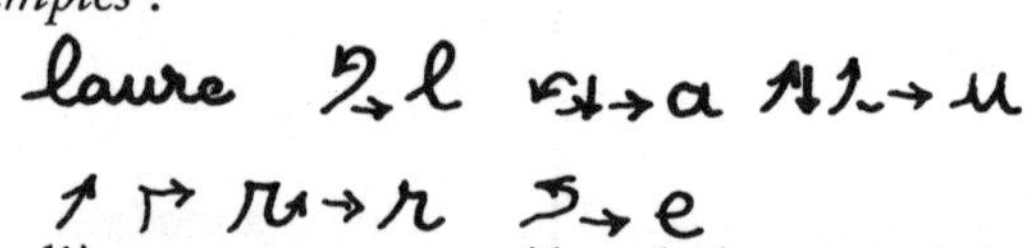

Régulièrement, on contrôlera le bon tracé des lettres en assistant à l'écriture du nom.

• Les enfants ont parfois de longs prénoms ou des prénoms composés. Selon leur niveau graphique, on leur proposera d'écrire leur diminutif ou le premier mot du prénom composé. Lorsque le graphisme sera bien maîtrisé, on leur fera apprendre leur prénom en entier.

• Certains prénoms ont des graphies de reproduction difficile. On épurera l'écriture, en supprimant les petites boucles ne nuisant pas à la lecture.
Exemple :

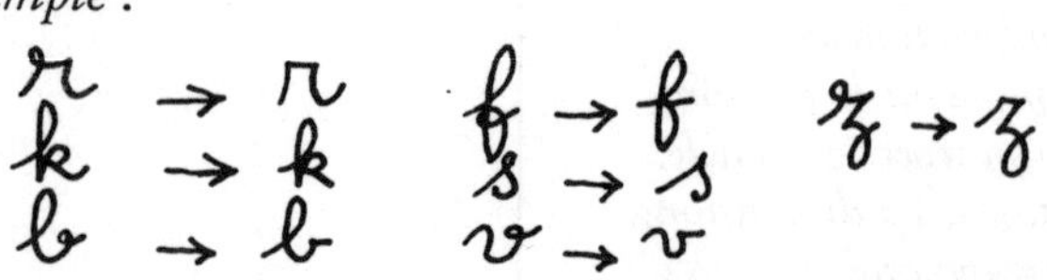

➡ *Écrire de gauche à droite en tenant correctement son crayon et en formant ses lettres dans le bon sens. Comparer l'écriture et le modèle pour savoir à tout moment où l'on en est.*

➡ *Comprendre le codage fléché des tracés et pouvoir s'y référer.*
Par l'entraînement, mémoriser la graphie du prénom, affiner la maîtrise graphique, respecter la trajectoire horizontale de l'écriture, les différences d'amplitude...

Lorsque le maître travaillera avec un enfant, il procèdera de la même façon que durant les exercices de graphisme dirigé ou d'écriture : il écrira le nom en entier, puis lettre par lettre, en verbalisant le sens du mouvement. Après chaque écriture, on lui fera comparer ce qu'il a écrit et ce qu'il lui reste à écrire.

Si un enfant rencontre des difficultés dans le tracé d'une ou plusieurs lettres, on lui proposera des exercices préparatoires, à main guidée, au tableau, puis sur feuille.
Ce peut être le cas des lettres f , k , z ...

4

Évaluation

Exercice sur cahier de l'élève *(p. 21).*

1. L'espace réservé à l'écriture du prénom est grand. Ainsi, des enfants ayant un long prénom ou un nom composé pourront l'écrire sur deux lignes.
Selon le niveau de ses élèves, le maître ou la maîtresse leur proposera l'exercice en atelier autonome ou en atelier dirigé.

2. L'exercice graphique fera l'objet d'un projet décoratif.
Si certains des prénoms écrits sont ceux de quelques enfants de la classe, on les leur fera lire, puis on dira les autres.
L'exercice sera décrit, puis le maître lira la consigne.

En travail collectif, on cherchera les différentes parties qui composent l'exercice et on déterminera les différentes façons de décorer chaque prénom :
– en fonction des couleurs du cadre,
– ou en fonction d'alignements horizontaux ou verticaux, ou obliques.

Exemple : Mêmes décorations pour
(Laure Charlotte et Lise)
(Thomas Anne Bertrand Jean)
– sans règle de reproduction.

Puis, on rappellera quels sont les tracés connus et on cherchera comment les associer par trois en variant les tracés continus et discontinus. *Exemple* :

– Chacun construira ensuite son projet graphique en recherchant 3 décorations ou plus, selon l'organisation spatiale désirée.

➡ *Établir un projet graphique en prévoyant les organisations spatiales, les compositions graphiques et les règles de reproduction.*
Reproduire régulièrement les modèles prévus en respectant l'espace et les orientations induites par les lignes entourant les prénoms.

CONTROLE	AIDE
1. **L'écriture** On observera :	
• la forme des lettres	→ Les lettres présentant de gros défauts seront retravaillées au tableau, à main guidée dans un premier temps.
• la liaison des lettres, leur nombre, leur ordre	→ Par des exercices de discrimination visuelle, on aiguisera la perception visuelle des éléments composant le nom : recherche de l'intrus, correction d'une écriture erronée du nom... On écrira plusieurs fois le prénom avec l'enfant en verbalisant les mouvements et en faisant le point après chaque écriture de lettre sur ce qui a été fait et ce qui reste à faire.
• le respect de la trajectoire	→ Si l'écriture présente de grosses variations, on retravaillera avec l'enfant en donnant le plus de repères d'ordre spatial possibles (voir fiche 18).
2. **Le graphisme** On évaluera : • le respect du projet • la richesse, l'originalité du graphisme • la régularité, la petitesse • le respect des limites, des trajectoires	

Conception couverture : KUBIKOM
Conception intérieur,
réalisation et dessins : Jean-Pierre DELARUE